Can Eyüpoğlu

Slotlanmış Optik Çoğuşma ve Paket Anahtarlama Teknikleri

Can Eyüpoğlu

Slotlanmış Optik Çoğuşma ve Paket Anahtarlama Teknikleri

Karşılaştırmalı Performans Analizi

Türkiye Alim Kitapları

Impressum / Yayınevi adı
Bibliografische Information der Deutschen Nationalbibliothek: Die Deutsche Nationalbibliothek verzeichnet diese Publikation in der Deutschen Nationalbibliografie; detaillierte bibliografische Daten sind im Internet über http://dnb.d-nb.de abrufbar.

Deutsche Nationalbibliothek tarafından yayınlanan bibliyografik bilgiler: Deutsche Nationalbibliothek, bu yayını Deutsche Nationalbibliografie'de listeler; detaylı bibliyografik bilgi İnternet'te http://dnb.d-nb.de sitesinde mevcuttur.

Coverbild / Kitap kapağı resmi: www.ingimage.com

Verlag / Yayıncı:
Türkiye Alim Kitapları
ist ein Imprint der / yayınevinin bir ticari markasıdır
OmniScriptum GmbH & Co. KG
Heinrich-Böcking-Str. 6-8, 66121 Saarbrücken, Deutschland / Almanya
Email / E-posta: info@turkiye-alim-kitaplary.com

Herstellung: siehe letzte Seite /
Basım yeri: son sayfaya bakın
ISBN: 978-3-639-67189-6

ÖNSÖZ

Bu çalışma İstanbul Üniversitesi Fen Bilimleri Enstitüsü Bilgisayar Mühendisliği Anabilim Dalı'nda Yrd. Doç. Dr. Muhammed Ali AYDIN'ın danışmanlığında yapılan **"Slotlanmış Optik Çoğuşma ve Paket Anahtarlama Tekniklerinin Karşılaştırmalı Performans Analizi"** adlı yüksek lisans tez çalışmasını içermektedir.

Yüksek lisans öğrenimim sırasında ve tez çalışmalarım boyunca gösterdiği her türlü destek ve yardımlarından dolayı çok değerli danışman hocam Yrd. Doç. Dr. Muhammed Ali AYDIN'a en içten dileklerimle teşekkür ederim.

Çalışmama değerli fikirleriyle katkıda bulunan Prof. Dr. A. Halim ZAİM'e çok teşekkür ederim.

Tez aşaması boyunca yardımlarını ve değerli fikirlerini esirgemeyen Araş. Gör. Özgür Can TURNA'ya teşekkür ederim.

Tezin hazırlanması süresince bütün sıkıntılarıma katlanan ve zor dönemlerimde yanımda olan sevgili Şeyda CANBOLAT'a teşekkürü bir borç bilirim.

Eğitim hayatım boyunca maddi ve manevi desteklerini esirgemeyen ve her zaman yanımda olan aileme en içten dileklerimle teşekkür ederim.

Haziran, 2014 Can EYÜPOĞLU

İÇİNDEKİLER

Sayfa No

ŞEKİL LİSTESİ

Sayfa No

TABLO LİSTESİ

Sayfa No

SİMGE VE KISALTMA LİSTESİ

Simgeler		**Açıklama**
A_m	:	Belirli bir zaman slotunda hedef çıkış fiberine gelen m sayıdaki paketin olasılığı
$E[A_m]$	:	Bir zaman slotunda gelen paketlerin sayısının ortalaması
k	:	Her bir fiber için olan dalgaboyu sayısı
m	:	Belirli bir zaman slotunda hedef çıkış fiberine gelen çoğuşma veya paket sayısı
n	:	Giriş dalgaboyu sayısı
N	:	Tek bir anahtardaki giriş/çıkış fiber sayısı
p	:	Bir giriş dalgaboyuna gelen ve hedef çıkış fiberine yönlendirilen paketin olasılığı
p_{ort}	:	Tek bir anahtardaki ortalama çoğuşma veya paket kayıp olasılığı
$P(m)$	:	m-atlamalı çoğuşma veya paket kayıp olasılığı
ρ	:	Bir zaman slotunda bir giriş dalgaboyuna gelen çoğuşma veya paketin olasılığı (trafik yoğunluğu)

Kısaltmalar		**Açıklama**
ATM	:	Asynchronous Transfer Mode (Asenkronize Transfer Mod)
ASON	:	Automatic Switched Optical Networks (Otomatik Anahtarlanmış Optik Ağlar)
BCP	:	Burst Control Packet (Çoğuşma Kontrol Paketi)
BFS	:	Breadth First Search (Sığ Öncelikli Arama)
BHC	:	Burst Header Cells (Çoğuşma Başlık Hücreleri)
BLR	:	Burst Loss Rate (Çoğuşma Kayıp Oranı)
BvN	:	Birkhoff von Neumann
CP	:	Control Packet (Kontrol Paketi)
C-OBS	:	Conventional Optical Burst Switching (Klasik Optik Çoğuşma Anahtarlama)
CTDM	:	Centralized Time Division Multiplexing (Merkezi Zaman Bölmeli Çoğullama)
DA	:	Distributed Bandwidth Access (Dağıtık Bant Genişliği Erişimi)
DB	:	Data Burst (Veri Çoğuşması)
DSS	:	Destination Slot Set (Hedef Slot Seti)
DTDM	:	Distributed Time Division Multiplexing (Dağıtık Zaman Bölmeli Çoğullama)
DTMC	:	Discrete-Time Markov Chain (Ayrık-Zamanlı Markov Zinciri)
DWDM	:	Dense WDM (Yoğun WDM)
EAM	:	Electric absorption modulator (elektrik soğurma modülatörü)
EWC	:	Enforced Waiting Control (Zorunlu Bekleme Kontrolü)
EWT	:	Enforced Waiting Time (Zorunlu Bekleme Zamanı)
FDL	:	Fiber Delay Line (Fiber Gecikme Hattı)
GPFO	:	Graduated Packet Filling Optimization (Derecelendirilmiş Paket Doldurma Optimizasyonu)
HiTSOBS	:	Hierarchical TSOBS (Hiyerarşik TSOBS)
HRR	:	Hierarchical Round-robin (Hiyerarşik Round-robin)
HTDM	:	Hybrid Time Division Multiplexing (Karma Zaman Bölmeli Çoğullama)
ILP	:	Integer Linear Programming (Tamsayı Doğrusal Programlama)
ITU-T	:	International Telecommunications Union Telecommunication Standardization Sector (Uluslararası Telekomünikasyon Birliği Telekomünikasyon Standartlaştırma Birimi)
MAT	:	Maximum Assembly Time (Maksimum Birleştirme Zamanı)
OADM	:	Optical Add/Drop Multiplexer (Optik Ekle/Çıkart Çoğullayıcı)
OBS	:	Optical Burst Switching (Optik Çoğuşma Anahtarlama)
OCS	:	Optical Circuit Switching (Optik Devre Anahtarlama)
O-E-O	:	Optical-Electronic-Optical (Optik-Elektronik-Optik)
OLT	:	Optical Line Terminator (Optik Hat Sonlandırıcı)
OPS	:	Optical Packet Switching (Optik Paket Anahtarlama)
OTDM	:	Optical Time Division Multiplexing (Optik Zaman Bölmeli Çoğullama)
OTS	:	Optical Time Slot Switching (Optik Zaman Slot Anahtarlama)
OTSI	:	Optical Time Slot Interchangers (Optik Zaman Slot Değiştiricisi)
OXC	:	Optical Cross Connect (Optik Çapraz Bağlantı)
PLP	:	Packet Loss Probability (Paket Kayıp Olasılığı)
PLR	:	Packet Loss Rate (Paket Kayıp Oranı)
PON	:	Passive Optical Netwok (Pasif Optik Ağ)
PSB	:	Partially Shared Buffering (Kısmen Paylaşılan Tamponlama)
QoS	:	Quality of Service (Servis Kalitesi)
RGVC	:	Ready to Go Virtual Circuit Protocol (Gitmeye Hazır Sanal Devre Protokolü)
RWTA	:	Routing, wavelength and time slot assignment (yönlendirme, dalgaboyu ve zaman slotu atama)
SCWP	:	Scattered Wavelength Path (Dağınık Dalgaboyu Yolu)

SOBS : Slotted Optical Burst Switching (Slotlanmış Optik Çoğuşma Anahtarlama)
SOPS : Slotted Optical Packet Switching (Slotlanmış Optik Paket Anahtarlama)
SYNC : Synchronizer (Eşleyici)
SynOBS : Time Synchronized Optical Burst Switching (Zaman Senkronize Edilmiş Optik Çoğuşma Anahtarlama)
TAG : Tell and Go (Söyle ve Git)
TSOBS : Time Sliced Optical Burst Switching (Zaman Dilimli Optik Çoğuşma Anahtarlama)
ts-OXC : Time slotted Optical Cross Connect (zaman slotlu Optik Çapraz Bağlantı)
TTA : Timer-based and Threshold-based Bandwidth Access (Zamanlayıcı-tabanlı ve Eşik-tabanlı Bant Genişliği Erişimi)
TWA ILP : Tree Wavelenght Assignment Integer Linear Program (Ağaç Dalgaboyu Atama Tamsayı Doğrusal Programı)
TWIN : Time Domain Wavelength Interleaved Network (Zaman Alanı Dalgaboyu Aralıklı Ağ)
TWSN : Time Wavelength Switched Network (Zaman Dalgaboyu Anahtarlı Ağ)
TWSR : Time Wavelength Space Routers (Zaman Dalgaboyu Alan Yönlendiricileri)
VFSB : Frame based architecture with shared buffers (paylaşılan tamponlu çerçeve tabanlı yapı)
WADM : Wavelength Add/Drop Multiplexer (Dalgaboyu Ekle/Çıkart Çoğullayıcı)
WDM : Wavelenght Division Multiplexing (Dalgaboyu Bölmeli Çoğullama)
WWW : World Wide Web

1. GİRİŞ

Bilgisayar ağlarındaki trafik miktarı günden güne artmaktadır. Bu trafik artışını esneklik ve maliyet açısından etkili bir şekilde destekleyecek yeni yapıların geliştirilmesine ihtiyaç duyulmaktadır. Fakat trafik miktarının anlık değişimi tahmin edilememektedir. Bu nedenle gerekli olan bant genişliğinin belirlenmesi zorlaşmaktadır. İnternetin hızlı genişlemesi çoklu ortam bilgisini için olan talebi de arttırmaktadır. Bu talep artışı bilgisayar ve haberleşme ağlarının sınırlarını zorlamaktadır. Artan bant genişliği gereksinimlerini desteklemek için yüksek kapasiteli ağların geliştirilmesi gerekmektedir.

Sürekli artan bu gereksinimi karşılamak için optik ağlarda WDM (Wavelenght Division Multiplexing-Dalgaboyu Bölmeli Çoğullama) kullanılmaktadır. WDM çok büyük bant genişliği sağlamaktadır ve gelecek nesil yüksek hızlı ağlarda bilgi iletimi için gelecek vaat etmektedir. WDM ağlarında tek bir dalgaboyu üzerinde 10-40 Gb/s bant genişliği gerçekleştirmek mümkündür. Ancak optik ağların devamlı ölçeklenebilirliğindeki temel sorun, ağın çekirdeğinde bulunan optik ve elektronik anahtarlar arasındaki anahtarlama hızındaki büyük farklılıktır. Optik anahtarlama üç kategoride sınıflandırılabilir. Bunlar OCS (Optical Circuit Switching-Optik Devre Anahtarlama), OPS (Optical Packet Switching-Optik Paket Anahtarlama) ve OBS (Optical Burst Switching-Optik Çoğuşma Anahtarlama)'dir [1].

OCS ağlarında iki uç düğüm arasında veri iletmek için ışık yolları (light paths) kullanılır. Işık yolu, iletim yolu boyunca olan ara düğümlerde olası dalgaboyu dönüştürmeli tam optik devre anahtarlamalı bir ortam olarak tanımlanır. OCS, gerçekleştirilmesi kolay olmasına rağmen kaynak düğümün yollamak için verisi yoksa düşük istatistiksel çoğullama kazancıyla karşı karşıya gelmektedir. Bu da kötü kaynak ve bant genişliği kullanımına yol açmaktadır [1].

OPS klasik elektronik paket anahtarlamaya benzemektedir. Paketler optik alanda herhangi bir elektronik dönüşüm ihtiyacı olmadan doğrudan anahtarlanırlar. Fakat en önemli sorun çekişmedir. Çekişme (contention), anahtarlama düğümünde iki veya daha fazla paket aynı anda ve aynı dalgaboyu üzerinde aynı çıkış arayüzünden ayrılmaya çalıştığında ortaya çıkar. Elektronik RAM'lerde çekişme boyunca milyonlarca paket tamponlanabilir. Bunun aksine optik alanda tamponlama çok karmaşık ve masraflı bir işlemdir. Fiber sargıları sinyali geciktirerek ışığı tamponlayabilen FDL (Fiber Delay Line-Fiber Gecikme Hattı)'leri gerçekleyebilirler. Ancak optik çaprazlayıcının (optical crossbar) boyutu daha büyük FDL'ler ile artmaktadır. Bu da tam optik anahtarları çok masraflı yapmaktadır [1].

OBS devre ve paket anahtarlamanın karma halidir. Çoğuşma (burst) olarak adlandırılan paketlerin kümesi ağ içerisinde atomik olarak anahtarlanır. Kontrol paketi çoğuşma için kısa süreli bir uçtan-uca devre kurmak için çoğuşma öncesinde gönderilir. Bu sebeple OBS anahtarlama karar kontrolü için elektroniğin esnekliği ile hızlı veri düzlemi anahtarlama için optiğin ölçeklenebilirliğini birleştirmektedir. Bu yapının OPS'ye benzeyen kötü bir sonucu vardır. Çekişme çözümü için gerekli olan optik tamponlama çoğuşma boyutuyla orantılı olarak büyür. Dolayısıyla büyük çoğuşmaların kontrol düzlemi avantajı veri düzleminde gerekli olan daha geniş tamponlar ile azalmaktadır [1].

OPS, yüksek yük, tıkanma ya da ağın düşmesi durumlarına karşı kolayca adapte olabilme özelliğinden dolayı arzu edilen bir mimaridir. OBS, sınırlı bir zaman için kanalı rezerve ederek ağın kullanımını arttırır. En temel iletim birimi, bir giriş düğümde aynı hedefe sahip veri paketlerinin belirli bir zaman zarfında veya belirli bir boyuta gelinceye kadar bir araya getirilmesi ile oluşan çoğuşmadır. Slotlanmış (slotted) ve slotlanmamış (unslotted) olmak üzere iki tür optik anahtar ve ağ tanımlanabilir. Slotlanmış, sabit uzunluklu zaman slotlarına ve senkron paket işlemeye dayanmaktadır. Slotlanmamış tipte paket uzunlukları değişken uzunluklu olmaktadır. Slotlanmış ağlarda ise bir zaman birimindeki paket uzunluğu sabittir. Paketler sabit uzunluklu bir zaman slotunda iletilirler. Bir zaman slotunun uzunluğu, optik paketin uzunluğunun, başlık uzunluğunun ve veri bağlantı katmanının getirdiği ek yükün toplamına eşittir. Slotlanmamış bir ağda, paketlerin uzunluğu değişkendir. Değişken uzunluklu bir paket bir anahtara herhangi bir anda giriş yapabilir ve böylece anahtarlama işlemi herhangi bir anda gerçeklenebilir [2, 3].

SOBS (Slotted Optical Burst Switching-Slotlanmış Optik Çoğuşma Anahtarlama) olarak adlandırılan zaman-solutlu OBS'de yönlendiriciler senkronizedirler ve sadece zaman slotlarının başında sabit uzunluklu çoğuşmalar yollarlar. SOBS'nin kullanılmasının birçok sebebi vardır. Bunlardan ilki kaybı düşürmek için çoğuşmaların aynı uzunlukta olmasıdır. Çoğuşmalar sadece diğer çoğuşmalarla üst üste geldiği zaman düşerler. Bu nedenle daha uzun çoğuşmalarla kıyaslanıldığında kısa çoğuşmaların düşme ihtimali daha azdır. İkinci sebep ise kaybı düşürmek için çoğuşmaların alınmasının ve gönderilmesinin senkronize olması gerektiğidir. Eğer uç yönlendiriciler çoğuşmaları rastgele zamanlarda yollarlarsa çoğuşmalar çekirdek yönlendiricilere rastgele zamanlarda ulaşırlar. Bu çoğuşmaların üst üste gelme zamanı kontrol edilemediğinden yüksek çoğuşma kaybına yol açabilir. Diğer önemli sebep ise sıraya koymayı desteklemek için olan bağlantı kullanımını arttırmaktır. Eğer çoğuşma rastgele zamanlarda ulaşırsa iki ardışık çoğuşma arasındaki boşluk da rastgeledir ve bazı durumlarda kullanılamamaktadır. Buna karşılık eğer tüm çoğuşmalar aynı uzunluktaysa ve sıralanmışlarsa iki çoğuşma arasındaki boşluk bir çoğuşmayı taşıyabilecek uzunlukta olmak zorundadır [3, 4].

OPS ağlarında ışık dalgası bilgisi sadece gidiş süresi gecikmeleri ile sınırlanan sistemde bir uçtan diğer uca iletilebilir. Bu gibi ağlarda zamanlamadaki kesinlik, etkinliği ve verimliliği maksimuma çıkarmak için çok önemlidir. Yapı dikkate alınmaksızın OPS ağları sistem senkronizasyonunu ve uygun paket akış zamanlamasını sürdürmek için fiberoptik yolların uzunluğunu göz önünde bulundurmaktadır. Çünkü optik paketler kolay bir şekilde yavaşlatılamaz ya da durdurulamazlar [3]. Bu nedenlerden dolayı SOPS (Slotted Optical Packet Switching-Slotlanmış Optik Paket Anahtarlama) çözümü üzerinde çalışılmaktadır.

Bu tez çalışmasında SOBS ve SOPS tekniklerinin karşılaştırmalı performans analizi yapılırken iki tekniğin NSFNET ve halka topolojileri üzerindeki kayıp olasılıkları, hizmet erişim gecikme süreleri ve uçtan uca gecikme süreleri simülasyon çalışması yapılarak incelenmiştir. Simülasyonlar farklı hat ve dalgaboyu sayıları için NSFNET ve halka topolojileri üzerinde yapılmıştır. Böylece hat ve dalgaboyu sayılarının kayıp olasılıkları, hizmet erişim gecikme süreleri ve uçtan uca gecikme süreleri üzerindeki etkileri görülebilmektedir. Diğer bir amaç ise koşullara ve topolojilere bağlı olarak hangi yöntemin hangi durumda daha iyi olduğuna karar vermektir.

Genel kısımlar bölümünde SOBS ve SOPS teknikleriyle ilgili bugüne kadar yapılmış olan çalışmalardan bahsedilmiştir. Malzeme ve yöntem bölümünde bu tez çalışmasında karşılaştırma için kullanılan SOBS ve SOPS yöntemleri anlatılmıştır. Bu yöntemlerin teorik analizi verilmiş ve algoritmik analizi yapılmıştır. Ayrıca kıyaslama için oluşturulan simülasyon ortamından bahsedilmiştir. Bulgular bölümünde simülasyon çalışması sonucunda elde edilen grafikler yorumlanarak SOBS ve SOPS yöntemleri karşılaştırılmıştır. Son olarak tartışma ve sonuç bölümünde elde edilen sonuçlara göre hangi yöntemin hangi topoloji ve şartlarda daha iyi olduğu vurgulanmıştır.

2. GENEL KISIMLAR

2.1. OPTİK ANAHTARLAMA ÇEŞİTLERİ

WWW (World Wide Web) hizmetinin bulunmasıyla İnternet dünya genelinde yaygınlaşmaya başlamıştır. İnternet'i kullanan insan sayısı günden güne artmaktadır. İnternet'in hızlı gelişmesi var olan bilgisayar ve telekomünikasyon ağlarının sınırlarını zorlamaktadır. Büyüyen bant genişliği ihtiyaçlarını karşılayabilecek kapasitede yüksek kapasiteli ağ altyapılarının kurulmasına ihtiyaç gün geçtikçe artmaktadır. WDM, gelecek nesil İnternet omurgasını oluşturan ağlar için temel oluşturacak bir iletim teknolojisi olarak ortaya çıkmıştır. Tek bir fiber içerisinde yüzlerce dalgaboyu kanalını destekleyerek fiziksel katmanda çok büyük bant genişliği sunmaktadır. Terabit düzeyinde iletim kapasitesine sahip sistemler mümkün hale gelmiştir. Bu ham bant genişliğini en iyi şekilde kullanabilmek için, verimli yüksek katman iletim mimarileri ve protokollerine ihtiyaç duyulmaktadır [5, 6, 7].

Günümüzde var olan omurga ağlarında kullanılan birinci nesil WDM sistemleri, WDM noktadan-noktaya hatlardan oluşur. Bu ağlarda, yönlendiriciler birbirlerine yüksek bant genişliğine sahip WDM hatları ile bağlıdır. Her bir yönlendiricide, gelen tüm IP (İnternet Protokol) paketleri optik ortamdan elektronik ortama dönüştürülür. Hat çıkışlarında tüm giden paketler, elektronik ortamdan optik ortama geri dönüştürülür ve sonra fibere iletilir. Elektronik işleme hızı, optik iletim hızından çok düşük olduğundan, tüm ağ trafiğinin optik-elektronik-optik (O-E-O) dönüşümü sonucu her bir yönlendirici, özellikle trafik karakteristiği büyük oranda baypas trafik olduğunda sistem için büyük maliyet getirmektedir [7].

Optik ağlar, OLT (Optical Line Terminator-Optik Hat Sonlandırıcı), OADM (Optical Add/Drop Multiplexer-Optik Ekle/Çıkart Çoğullayıcı) ve OXC (Optical Cross

Connect-Optik Çapraz Bağlantı) bileşenlerinin gelişimi ile oluşmuştur. OLT, çoklu dalgaboylarını bir fibere girecek şekilde çoklar ve bir fiberden gelen çoklu dalgaboylarından oluşan bileşik optik sinyali ayrıştırarak farklı fiberlere dağıtır. OADM, çoklu dalgaboylarından oluşan bileşik optik sinyali giriş olarak alarak çıkış portuna iletmeden önce bazı dalgaboylarını seçici olarak eleyen ve ardından ekleyen bir cihazdır. OXC'nin çok sayıda giriş ve çıkış portu vardır. Ekleme/çıkarma fonksiyonlarının yanı sıra bu cihaz herhangi bir giriş portundan gelen bir dalgaboyunu istediği herhangi bir çıkış portuna anahtarlayabilir. Hem OADM hem de OXC cihazları, dalgaboyu dönüştürme yeteneğine sahiptir. Bu cihazlar, optik ortamdaki verinin, kaynak ve hedef düğüm çiftleri arasında anahtarlanmasını mümkün hale getirir [7, 8, 9].

İkincil optik ağ mimarileri, OADM yapısını kullanarak WADM (Wavelength Add/Drop Multiplexer-Dalgaboyu Ekle/Çıkart Çoğullayıcı)'ler ile trafiğin arttırılabilmesini ve azaltılabilmesini sağlar. WADM'ler bir fiber üzerindeki belirlenmiş dalgaboyu kanallarının sonlandırılmasını sağlarken diğer dalgaboyu kanallarından dokunulmadan geçilmesine izin verirler. Ağdaki baypas edilmiş trafik miktarı belirli bir düğümde düşürülmesi gereken trafik miktarından oldukça yüksektir. Bu sebeple WADM'ler kullanılarak tüm ağın maliyeti azaltılabilir. WADM'ler ilk olarak optik WDM halka ağlarını oluşturmak için kullanılmıştır [7].

Çoklu dalgaboyu fiber hatlarından oluşan mesh (çokgen bağlantılı) ağları oluşturmak için uygun fiber bağlantı cihazları gereklidir. Üçüncü nesil optik ağ mimarileri tam optik bağlantı cihazlarından meydana gelir. Bu cihazlar pasif yıldız birleştiricileri, pasif yönlendiriciler ve aktif anahtarlar olmak üzere üç geniş kategoride toplanır. Pasif yıldız; genel yayın cihazlarıdır. Yıldız birleştiricinin fiber giriş portundaki dalgaboyuna gelen bir sinyalin gücü, yıldız birleştiricinin bütün çıkış portlarına eşit olarak bölünür. Bir pasif yönlendirici, giriş fiberindeki aynı dalgaboyuna gelen çeşitli dalgaboylarının her birini farklı çıkış fiberlerine yönlendirir. Pasif yönlendirici statik bir cihazdır, diğer bir ifadeyle yönlendirme yapılandırması sabittir. Aktif anahtar da, dalgaboylarını giriş fiberlerinden çıkış fiberlerine yönlendirir ve eş zamanlı bağlantıları destekleyebilir. Pasif yönlendiricinin tersine aktif anahtar, gelen ve giden dalgaboyları arasındaki bağlantı modelinin değişmesi için yeniden ayarlanabilir. Dolayısıyla, üçüncü nesil optik ağlarda verinin elektroniğe çevrilmeden ara düğümlerden iletilmesine izin verilir. Bu da her bir düğümde yüksek kapasiteli elektronik anahtarlama ve yönlendirme yeteneğinin sağlanmasını azaltan bir maliyettir [7].

İçsel bir çekirdek ağ ve çok sayıda erişim ağı gelecek nesil optik İnternet mimarisinde yer alacak iki ana fonksiyonel kısımdır. Erişim ağları günümüzün İnternet iletim mimarisi ile uyumludur ve son kullanıcılardan IP trafiğini toplamaktan sorumludur. Bunlar elektronik veya düşük hızlı optik iletim teknolojilerinden olan Gigabit Ethernet, optik halkalar ya da PON (Passive Optical Network-Pasif Optik Ağ)'lardan oluşmaktadır. Erişim ağları birbirlerine içsel çekirdek ağ üzerinden yüksek hızlı düğümler boyunca bağlantılıdır. Bir ağ giriş (ingress) düğümü, aynı ağ çıkış (egress) düğümüne gönderilecek tüm trafiği toplayarak çekirdek ağa iletir. Çekirdek ağ, yeniden yapılandırılabilir optik anahtarlama bileşenlerinin (OXC ve OADM gibi) çok yüksek kapasiteli uzun taşıma mesafeli optik hatlarla birbirlerine bağlanarak meydana getirdiği ağ gözlerinden oluşur. Tam optik sistemlerin, optik çekirdek ağ üzerinde kenar yönlendiriciler arasındaki OCS bağlantılar veya ışık yollarını sağlaması beklenir. Fakat bu OCS bağlantıları statiktir ve verimli bir şekilde çoğuşmalı İnternet trafiğini destekleyemezler. İdeal olarak optik çekirdekte mümkün olan en üst düzeyde verimliliği sağlamak için, düğümlerin optik seviyede paket anahtarlamayı desteklemeleri gerekir. Ancak teknik kısıtlamalar nedeniyle, bunun yakın bir gelecekte yapılabilmesi öngörülmemektedir [7].

OBS, tam optik devre anahtarlama ve tam optik paket anahtarlamaya alternatif olarak ortaya çıkan yöntemdir. OBS'de paketler birleştirilerek çoğuşmalar oluşturulur.

Çoğuşmalar tam optik bir yolla optik çekirdek ağa anahtarlanırlar. OBS Ağları, büyük derecede istatistiksel çoğullamaya izin verir. Ayrıca çoğuşmalı trafiği OCS ağlarından daha iyi saklarlar. Optik ağ iletim yöntemlerinin gelişimi Şekil 2.1'de görülmektedir [7, 10].

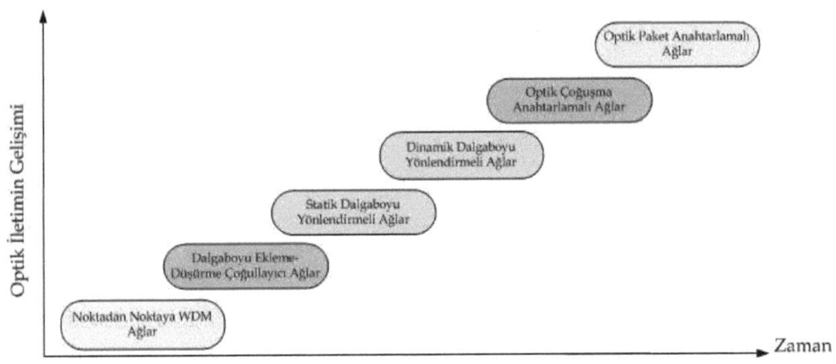

Şekil 2.1: Optik iletim yöntemlerinin gelişimi [7].

2.1.1. Optik Devre Anahtarlama (OCS)

OCS ağlarda, ağın iki ucu arasında "ışık yolu (light path)" adı verilen tam optik dalgaboyu yolu kurulur. Bu yol, yol boyunca var olan tüm hatlar için bir dalgaboyu kanalını rezerve ederek oluşturulur ve veri yollandıktan sonra bu yol iptal edilir. Işık yolu statik veya dinamik olarak kurulabilir. Bir ışık yolu, fiziksel bir yol boyunca aradaki hatlar üzerindeki bir dalgaboyunda taşınır ve ara düğümlerden geçerken bir hattan diğerine anahtarlanır. Eğer ağda dalgaboyu dönüştürücüler varsa ışık yolu, bir dalgaboyundan başka bir dalgaboyuna yol boyunca dönüştürülebilir. Aksi takdirde yol boyunca geçtiği tüm hatlarda aynı dalgaboyunu kullanmalıdır. Bu özellik, dalgaboyu süreklilik kısıtlaması olarak bilinir. Bir dalgaboyu, ortak bir hat paylaşmamaları şartıyla farklı ışık yolları tarafından kullanılabilir. Böylece ağın farklı kısımlarında aynı dalgaboyu tekrar kullanılabilmektedir [7].

Dalgaboyu yönlendirme yaklaşımı birinci nesil uçtan-uca mimariler için önemli bir gelişmedir. Fakat bazı kısıtlamaları mevcuttur. İlk olarak, ışık yolları fazlasıyla statiktir ve sabit bant genişliğine sahip bağlantılar değişken ve çoğuşmalı İnternet trafiği ile verimli olarak uyum sağlayamamaktadır. Buna ek olarak bir ağdaki bağlantıların sayısı genellikle dalgaboylarının sayısından oldukça fazladır ve bir bağlantının iletim hızı dalgaboyunun kapasitesinden oldukça azdır. Bu nedenlerden dolayı, dalgaboylarının farklı yerlerde yeniden kullanılabilir olmasına rağmen her bağlantıya bir dalgaboyu tahsis etmek hem mümkün hem de verimli değildir. Diğer taraftan dinamik bir yöntemle ışık yolları kurmak ağ durum bilgisini sürekli olarak değiştirecektir. Bu da mevcut ağ durum bilgisini sağlamayı güçleştirecektir. Birçok bağlantıyı tek bir ışık yolunda birleştirerek yani trafiği şekillendirerek bu sorun bir miktar çözülebilir. Yine de bazı bağlantılar kaynak ve hedef düğüm çiftleri arasında bir tek ışık yolu olmadığı durumlarda birden çok ışık yolu kullanabilir. Bu tip bağlantılar çoğul O-E-O dönüşümlerine ve ağ boyunca çoğul geçişlere tabi olmak zorundadır. Bu da ağ kaynaklarının daha çok tüketilmesine ve çekirdek ağdaki uçtan uca gecikmenin artmasına neden olacaktır [7].

2.1.2. Optik Paket Anahtarlama (OPS)

OPS, optik ortamda paket anahtarlama gerçekleştiren bir optik ağ modelidir. Basit bir optik paket anahtar mimarisi Şekil 2.2'de gösterilmiştir.

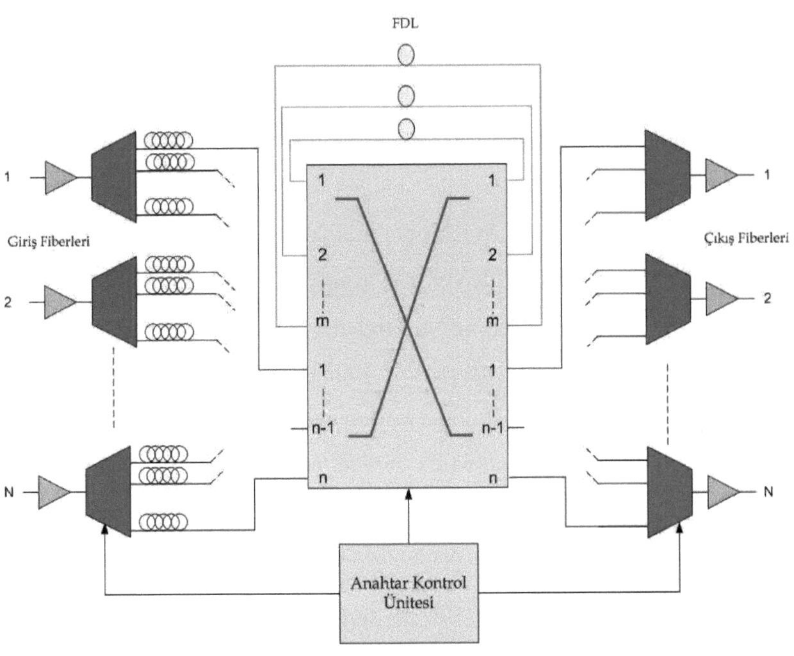

Şekil 2.2: OPS mimarisi [7].

OPS mimarisi, düğüm paket başlığını yeniden düzenleme yeteneğine sahip olan bir optik anahtar birimi içerir. Bir paketin başlığında bulunan bilgi ile anahtar birimi yeniden düzenlenir. Başlığın kendisi elektronik ortamda işlenir. Başlık paket ile aynı ortamda, alt taşıyıcı bir frekansta ya da ayrı bir kontrol kanalında bant dışı olarak taşınabilir. Başlığın işlenmesi ve anahtarın yeniden düzenlenmesi için belirli bir zaman geçer. Bu sırada, paketin optik gecikme hattına gönderilerek geciktirilmesi sağlanır. OPS'nin uygulanabilir olması için hızlı anahtarlama zamanları kaçınılmazdır. Günümüzde yarı iletken optik güçlendirici tabanlı anahtarlar 1 nanosaniyeden daha az anahtarlama zamanlarına sahiptir ve MEM tabanlı anahtarlar için anahtarlama zamanları 1 ile 10 milisaniye arasındadır. Yarı iletken optik güçlendiricili anahtarların dezavantajı pahalı olmaları ve anahtar mimarilerinin, ekstra güç kaybına sebep olan optik birleştiricilerden geçen sinyale ihtiyaç duymasıdır [7, 11].

OPS Ağlarda optik paketler, başlıkları ile ağ üzerinden gönderilir ve bu gönderim öncesinde herhangi bir rezervasyon veya kurulum gerçekleşmez. Şekil 2.3'de görüldüğü gibi çekirdek düğüme erişen bir paket, başlığı açılıp elektronik olarak işlenirken veri, optik ortamda tutulur. Verinin optik ortamda tutulması optik ortamda tamponlama olmaması sebebiyle en önemli problemlerden biridir. Veri, optik ortamda FDL'ler kullanılarak saklanır [7, 12, 13]. Ardından, bu optik paketin iletimi için giriş ve çıkış portları arasında bağlantı kurulur ve sonra bağlantı kesilir. Diğer bir değişle bir hat, alt dalgaboyu seviyesinde birçok bağlantı tarafından paylaşılabilir. OPS'lerin, zaman dilimli/zaman dilimlerine ayrılmamış (slotted/unslotted) ve senkron/asenkron çeşitleri vardır.

OPS'nin hedefi optik hatlar ile kıyaslanabilecek hızlarda paket anahtarlamayı gerçeklemektir. Fakat OPS sistemler çeşitli zorluklarla karşı karşıya gelmektedir. Bunların başında optik teknolojisinin çok pahalı olması ve henüz tam olgunlaşmamış olması gelmektedir. Öte yandan yukarıda belirtildiği gibi tampon için kullanılacak optik rastgele erişimli belleğin olmayışı diğer problemlerden biridir. Günümüzde kullanılan optik tamponlar basitçe FDL'ler kullanılarak gerçeklenmektedir. Diğer bir ifadeyle tam fonksiyonel bellekler kullanılmamaktadır. OPS'de geliştirilmesi gereken diğer teknolojiler ise hızlı optik anahtarlama, optik senkronizasyon ve optik paketlerden başlıkların ayrıştırılması olarak sayılabilir [7].

OPS'deki temel problemlerden biri senkronizasyondur. Sabit boyutlu paketlerden oluşan OPS ağlarında çekişmeyi azaltmak için paketlerin senkronizasyonunun anahtarın giriş portunda yapılması istenir. Senkronizasyonun gerçekleştirilmesi zor olmasına rağmen birkaç senkronizasyon tekniği öne sürülmüş ve laboratuvarlarda uygulanmıştır [7].

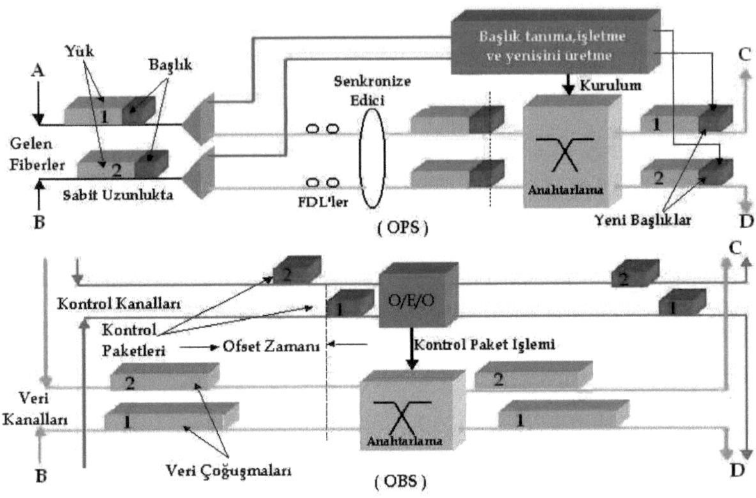

Şekil 2.3: OPS ve OBS anahtarlama teknikleri [7].

Paketler ağda çekişmeye neden olacağı için, OPS'de ağ kaynakları önceden rezerve edilmezler. Çekişme iki veya daha fazla paketin aynı zamanda aynı çıkış portu için rekabet etmesi nedeniyle oluşur. Geleneksel elektronik anahtarlamalı ağlardaki çekişme, tamponlama yolu ile çözülür. Fakat optik ortamda henüz RAM'in optik denginin olmayışı sebebiyle tampon oluşturmak söz konusu olamayacağından optik tamponlama FDL kullanılarak sağlanır. Çoklu gecikme hatlarını aşamalı ya da paralel olarak gerçekleştirerek bir paketi belirli bir süre tutabilecek tampon meydana getirilir. Bazı araştırmalarda büyük miktarda gecikme hatları olmaksızın daha büyük tampon tasarımı yaklaşımları üzerinde çalışılmaktadır. Tampon boyutu, gecikme hatlarının kademeli çoklu aşaması ile arttırılır veya tampon boyutu gecikme hatlarının miktarından ziyade uzunluğunun fazla olması ile sağlanır [7, 14]. Bu yaklaşım ile paket kayıp olasılığı azaltılmaktadır. Fakat paketlerin doğru sıralanması garanti edilmemektedir. Herhangi bir optik tampon mimarisinde tamponların boyutu sadece sinyal kalitesi ile değil fiziksel alanın kısıtlı olması ile de sınırlıdır. Tek bir paketi 5 mikrosaniye geciktirmek için 1 km'nin üzerinde fiber gerekmektedir. Bu boyut kısıtlaması nedeniyle bir düğüm yüksek yük ya da çoğuşmalı trafik durumlarını etkili bir şekilde tutamaz.

Çekişmeyi çözmek için mevcut olan diğer bir yaklaşım, çekişen paketleri başka bir çıkış portuna yönlendirmektir. Saptırmalı yönlendirme olarak adlandırılan bu yaklaşım paketlerin teslimat sırası dışına çıkması olarak tanımlanır. Saptırmalı yönlendirme yaklaşımı potansiyel döngüden dolayı elektronik paket anahtarlamalı ağlarda yaygın olarak kullanılmamaktadır. Makul bir paket kaybı seviyesini sağlayabilmek için tampon kapasitesinin sınırlı olduğu OPS ağlarında saptırmalı yönlendirmeyi uygulamak gerekmektedir. Fakat OPS ağlarında saptırmayı dağıtmadan önce saptırmanın bazı sınırları için potansiyel yöntemler belirlemek gerekir. Bu yöntemler saptırmanın faydalı olabilmesi için uygulamanın yeterli olup olmamasına göre belirlenir [7, 15, 16].

2.1.3. Optik Çoğuşma Anahtarlama (OBS)

OBS yaklaşımının OPS'nin alternatifi olarak ortaya atılması yakın zamanda gerçekleşmiştir [7, 14]. OBS ağlar, OCS ve OPS ağlarının avantajlarını bir araya getirmektedir. OBS, sınırlı bir zaman için kanalı rezerve ederek ağın kullanımını arttırır. OBS'de temel iletim birimi, bir giriş düğümden toplanan birçok IP paketinden oluşan çoğuşmadır. OBS'lerde temel anahtarlama elemanı çoğuşmadır. Bir çoğuşma, bir giriş düğümden bir çıkış düğümene beraber hareket eden ve ara düğümlerde beraber anahtarlanan paketlerin bir dizisidir. Çoğuşma oluşumu ile ilgili birçok teknik önerilmektedir. Şekil 2.3'de görüldüğü üzere OBS'de çoğuşma ile birlikte çoğuşmaya ait bir başlık vardır. Başlığa kontrol paketi (Control Packet-CP) adı verilir ve veriden ayrı olarak yollanır. Veri kısmına ise veri çoğuşması (Data Burst-DB) adı verilir. CP, yol boyunca bant genişliğini DB için rezerve etmek üzere ilk olarak yollanır. Ardından DB, CP tarafından rezerve edilen yol üzerinden gönderilir.

Ayrıca OBS tek geçişlik bir rezervasyon mekanizmasını devreye sokmaktadır. Bu mekanizma başlık paketini önden yollayarak dalgaboylarının rezervasyonunu yapar ve yol üzerindeki anahtarları yapılandırır. İlgili çoğuşma, bağlantı kurulduğuna dair herhangi bir onay gelmesini beklemeksizin iletilir. Yol üzerindeki herhangi bir anahtar herhangi bir nedenden dolayı çoğuşmayı sonraki anahtara geçiremezse, çoğuşma düşürülür. Bu mekanizmanın dayanağı, bir ITU-T standardı olan ATM (Asynchronous Transfer Mode-Asenkronize Transfer Mod) ağlarında Hemen İletim ile ATM Blok Transferi (ABT-IT) olarak bilinir. RGVC Protokolü (Ready to Go Virtual Circuit Protocol-Gitmeye Hazır Sanal Devre Protokolü) ve TAG (Tell and Go-Söyle ve Git) ABT-IT'nin diğer çeşitleri olarak sayılabilir [7, 17]. Büyük çoğuşmaların temel iletim birimi olarak kullanılması sonucunda daha düşük anahtarlama frekansı olur ve maliyet artar. Bu nedenle OPS ile kıyaslandığında OBS düğümleri, daha yavaş anahtarlama devreleri ve elektronik işlemler kullanabilirler. Maliyetin düşürülmesi iki şekilde gerçekleştirilir. İlk olarak, başlık/veri yükü oranı azaltılarak sinyalleme maliyeti düşürülmüştür. İkinci olarak, bir hattın boşta kaldığı zamanlar olan çoğuşmalar arası koruma aralığı ile hattın iletim yaptığı zamanların oranı da düşürülmüştür. OBS'de çoğuşma, başlık paketinin hemen arkasından gönderilmez. Önceden tespit edilmiş bir ofset süresi kadar geciktirilir. Ofset süresi seçilirken tüm ara düğümlerdeki başlık işleme gecikmelerinin toplamı ya da daha üstünde bir değere eşitlenir. Böylece her bir düğümün, çoğuşma gelmeden önce başlık işlemeyi bitirmiş olması garanti altına alınır. Başlık paketleri, veri kanallarından ayrı olarak sadece bu işlem için tahsis edilmiş olan kontrol kanallarından iletilir. Bu ayrım ile yüksek hızlı veri iletimi tümüyle saydam optik bir veri yolunda gerçeklenmiş olmaktadır. Ek olarak OBS, OPS sistemler için gerekli olan, optik ara belleğe alma, optik senkronizasyon ve optik paketlerden başlıkların ayrıştırılması gibi ihtiyaçları da ortadan kaldırmaktadır [7].

Tablo 2.1'de temel üç optik iletim teknolojisi karşılaştırmalı olarak gösterilmektedir. Tabloda görüldüğü üzere OBS, OCS ve OPS'nin eksiklerini kapatarak her ikisinin de iyi taraflarını kendinde toplamaktadır.

Tablo 2.1: OCS, OPS ve OBS anahtarlama yaklaşımlarının karşılaştırılması [7].

Anahtarlama Yaklaşımı	*Bant Genişliği Kullanımı*	*Kurulum Gecikmesi*	*Anahtarlama Hızı*	*İşlem Karmaşıklığı*	*Trafiğe Uyum Sağlama*
OCS	Düşük	Yüksek	Yavaş	Düşük	Düşük
OPS	Yüksek	Yok	Hızlı	Yüksek	Yüksek
OBS	Yüksek	Yok	Orta	Orta	Yüksek

Bant Genişliği Kullanımı: Daha önce de belirtildiği üzere OCS ağlarında kaynak ve hedef düğüm arasında uçtan-uca atanmış bir ışık yolu vardır. Bu ışık yolunun statik ya da dinamik olarak kurulmuş olmasına bağlı olmaksızın, fazla değişkenlik gösteren çoğuşmalı İnternet trafiğine uyum sağlaması mümkün değildir. Fazla yük olmadığı durumlarda ışık yolu kullanılamaz. Bu sebeple OCS ağlarında hattın bant genişliğinden yararlanılması çok düşüktür. Aksine OPS ve OBS ağlarında, farklı kaynak-hedef çiftleri arasındaki trafik hattın bant genişliğini paylaşmaktadır. Bundan dolayı hattın bant genişliği kullanımı da daha iyidir. Diğer bir ifadeyle OPS ve OBS ağları istatistiksel çoğullamayı destekler [7].

Kurulum Gecikmesi: OCS ağlarında bir ışık yolunun kurulması ya da kaldırılması için belirlenmiş sinyalleşme mesajlarının kaynak ve hedef düğümleri arasında gönderilmesi gerekmektedir. Bu sebeple, veri iletiminden önce tek yönlü sinyalleşme gerektiren OPS ve OBS ağları ile karşılaştırıldığında kurulum gecikmesi daha fazla olmaktadır [7].

Anahtarlama Hızı: OCS ağlarında anahtarlama varlıkları ışık yolları olduğundan ve bunların daha uzun sürede anahtarlanmasından dolayı anahtarlama hızı düşüktür. Böylece OCS ağlarındaki anahtarların dinamik yapılandırma için yeterince zamanı vardır. Ancak OPS ağlarında anahtarlar, gelen optik paketleri gelir gelmez farklı portlara anahtarlamalıdır. Bu nedenle OPS ağlarındaki anahtarlar için hızlı anahtarlama yeteneği ve rezervasyon gereklidir. Fakat çoğuşmaların çok büyük olması ve ofset zamanı sebebiyle, OBS ağlarında anahtarlama yapılandırma zamanının OPS anahtarlarındaki kadar uzun olmasına gerek yoktur. Ancak OBS, OCS ile kıyaslandığında daha hızlı anahtarlanan yapıya ihtiyaç duyar [7].

İşlem Karmaşıklığı: OCS ağlarında ışık yolu OPS ve OBS ağlarına göre daha uzun süre kalmaktadır. Bu sebeple OCS ağlarının karmaşıklığı, OPS ve OBS ağlarının karmaşıklığından daha düşüktür. Buna ek olarak OPS ağlarında anahtarlanan varlıkların bireysel birer optik paket olmasından dolayı, OPS'nin karmaşıklığı oldukça yüksektir. OBS ağlarında ise anahtarlanan varlıklar, birer bireysel veri çoğuşmasıdır ve birçok paketten oluşmuştur. Bu nedenle OBS'nin karmaşıklığı, OCS ve OPS'nin karmaşıklıkları arasında bir değerdedir [7].

Trafiğe Uyum Sağlama: OCS ağlar, ışık yolunun kurulumunda yüksek gecikmeye sahiptir. Dolayısıyla çoğuşmalı trafiğe iyi uyum sağlayamazlar. Fakat OPS ve OBS ağları, trafik çoğullama yetenekleri sayesinde çoğuşmalı trafiğe destek verecek şekilde uyum sağlayabilirler [7].

2.2. SLOTLANMIŞ OPTİK ÇOĞUŞMA ANAHTARLAMA (SOBS)

OBS yüksek kayıp oranına sahiptir. Bu nedenle kaybı düşürebilecek yöntemler üzerinde çalışılmaktadır. SOBS bu çalışmalardan biridir. Zhang ve diğ. [4] tarafından yapılan simülasyon çalışmasında SOBS'nin paket kayıp olasılığını önemli derecede azalttığı görülmektedir. SOBS'nin kayıp oranı slotlu olmayan OBS'ye göre çok azdır. Ayrıca SOBS çok az bir maliyet ile ya da hiçbir ek maliyet gerektirmeden uygulanabilmektedir.

SOBS'nin OBS'ye göre birçok avantajı vardır. En bilineni daha iyi QoS (Quality of Service-Servis Kalitesi) destekleyebilmesidir. İkincisi, anahtarlama sistem maliyetinin büyük ölçüde düşürülebilmesidir. Üçüncüsü, veri çoğuşmaları FDL ile ertelenebilir fakat kontrol çoğuşmaları ertelenemediğinden dolayı zaman planlayıcısı daha fazla zamana sahiptir ve ağ performansını arttıracak daha karmaşık algoritmalar kullanabilir. Sonuncusu ise kontrol çoğuşmalarının daha kısa ve basit olabilmesidir. Çünkü kontrol çoğuşmasının veri çoğuşmasının uzunluk bilgisini veya varış zamanını taşımasına gerek yoktur. Daha kısa kontrol çoğuşması kullanımı kontrol çoğuşma çarpışması olasılığını azaltacaktır ve ağın güvenilirliğini arttıracaktır [3, 4].

2.2.1. SOBS ile İlgili Yapılan Çalışmalar

OBS ağlarında kaybı azaltmak için yük dengeleme algoritması (load balancing algorithm) üzerinde çalışılmıştır [4]. Bu algoritmada bağlantıların tıkanıklık miktarlarını temsil eden maliyetler bağlantılara atanır. Bir kaynak-hedef çifti için daha fazla tıkanıklık daha yüksek maliyet demektir. Ağa minimum tıkanıklık miktarını etkili bir şekilde ekleyen en kısa yolu bulmak için Dijkstra Algoritması kullanılır. Bir düğüm çifti arasındaki mesafe bir düğümden diğerine erişmek için en az sayıdaki atlama sayısı olduğunda daha uzun mesafeli kaynak-hedef çiftleri daha kısa mesafeli kaynak-hedef çiftinden daha önce seçilir. Bu BFS (Breadth First Search-Sığ Öncelikli Arama) ile bulunabilmektedir. Çoğuşma kayıp olasılığını düşürmek için Çoğuşma Yayım Kontrolü (Burst Emission Control) olarak adlandırılan bir teknik daha kullanılmıştır. Çoğuşma Yayım Kontrolü uç yönlendiriciler yüksek çoğuşma kayıpları tespit ettiği zaman çoğuşma yayım oranını (ağa yollanan çoğuşma oranı) azaltır ve yayım zamanlamasını kontrol eder. Bu TCP'deki tıkanıklık kontrolüne çok benzemektedir. TCP; bazı paketler uç noktalar tarafından alınamadığında pencere boyutunu düşürerek paket gönderme oranını azaltmaktadır [3, 4].

TSOBS (Time Sliced Optical Burst Switching-Zaman Dilimli Optik Çoğuşma Anahtarlama) anahtarlamanın dalgaboyu alanı yerine zaman alanında yapıldığı bir optik çoğuşma anahtarlama çeşididir. Bu anahtarlamayı dalgaboyu alanında yapan sistemlerin en büyük maliyet bileşeni olan dalgaboyu dönüştürücü ihtiyacını ortadan kaldırmaktadır. Zaman alanında anahtarlamayı gerçekleştirmek için OTSI (Optical Time Slot Interchangers-Optik Zaman Slot Değiştiricisi) tasarlanmıştır. OTSI, TSOBS ağlarında yönlendiricilerin anahtar oluşturma bloklarıdır. Bir OTSI'nın maliyet ve performansını etkileyen üç anahtar etken vardır. Bunlar iç çaprazlayıcı boyutu, zaman slotlarını yeniden düzenlemede kullanılan gecikme hatları için gerekli olan fiber miktarı ve anahtarlama işlemlerinin sayısıdır [3, 18].

Zaman dilimli optik çoğuşma anahtarlamalı ağlarda anahtarlar veri taşıyan çoklu dalgaboyu kanalları olan WDM bağlantıları ile bağlanırlar. Her bir dalgaboyu üzerinden yollanan bilgi her biri sabit uzunluklu zaman slotlarına bölünen çerçeve (frame) serileri içerisinde organize edilir. Bağlantı uçları veya diğer ağlar daha düşük hız arayüzlerindeki veriyi TSOBS veri formatına dönüştüren yoğunlaştırıcılar ile TSOBS ağına bağlanırlar. Yoğunlaştırıcılar kullanıcı veri çoğuşmalarını zaman bölmeli kanallarda iletirler. Veri çoğuşmalarını anahtarlamak için gerekli olan kontrol bilgisi ayrı kontrol dalgaboyları üzerinde taşınan BHC (Burst Header Cells-Çoğuşma Başlık Hücreleri) içerisinde yollanır. Şekil 2.4 zaman dilimli optik çoğuşma anahtarlamalı bir ağın yapısını göstermektedir [3, 18].

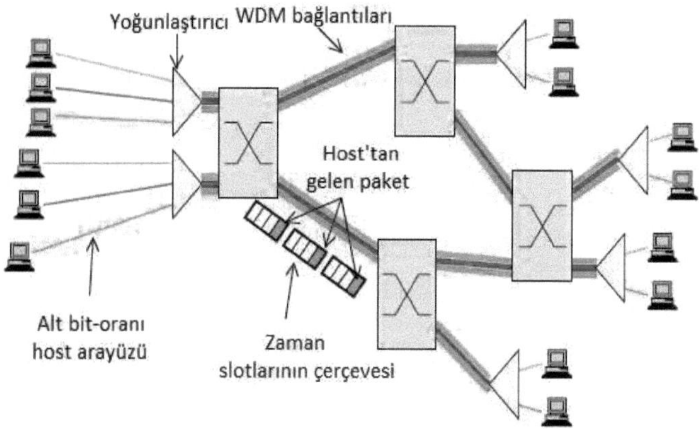

Şekil 2.4: Zaman-dilimli optik çoğuşma anahtarlamalı ağ yapısı [18].

TSOBS yönlendirici tasarımında gelen her bir WDM bağlantısı, gelen çerçeve sınırlarını yerel zamanlama referanslarına eşleyen bir SYNC (Synchronizer-Eşleyici)'de sonlandırılır. Bu sistem kontrol birimi tarafından sağlanan gecikme geri bildirimi kontrolü ile değişken gecikme hatları kullanılarak yapılır. Eşleyicilerin ardından tüm dalgaboyları için gerekli olan zaman alanı anahtarlamasını sağlayan OTSI'lara gelir. OTSI'lar ayrıca BHC'leri taşıyan kontrol dalgaboylarını ayırırlar ve bunları sistem kontrol birimine iletirler. Ek olarak giriş OTSI'lar veri dalgaboylarını ayırırlar ve bunları ayrı fiberler üzerinden her bir Optik Çaprazlayıcı (Optical Crossbar) setine iletirler. Çaprazlayıcılar gerekli boşluk bölmeli anahtarlama işlemlerini gerçekleştirirler. Bu işlemlerin ardından çıkış fiberleri üzerinde kontrol dalgaboylarını veri dalgaboyları ile birleştiren pasif optik çoğullayıcı setleri gelir. Kontrol birimi BHC'lerdeki bilgileri anahtarlama kararlarını vermek için kullanır ve OTSI ve çaprazlayıcının işlemlerini kontrol etmek için kullanılan elektronik kontrol sinyallerini oluşturur [3, 18]. Bu tasarım Şekil 2.5'de görülmektedir.

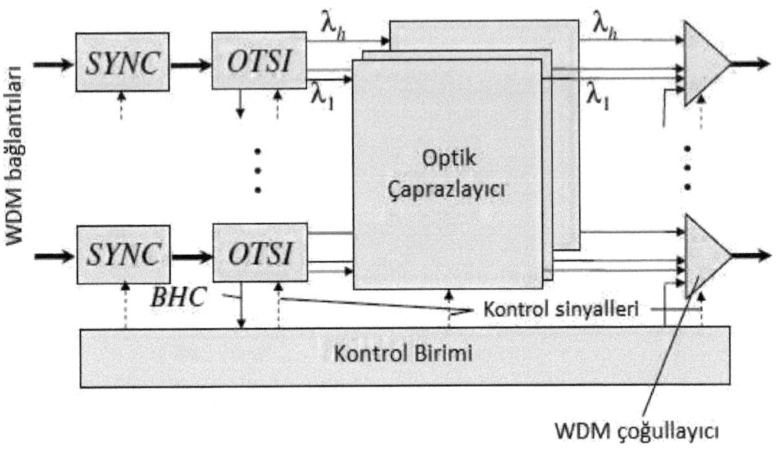

Şekil 2.5: Zaman-dilimli optik çoğuşma anahtar tasarımı [18].

Ramamirtham ve Turner [18] TSOBS çalışmasında OTSI tasarımını tıkanmalı (blocking) veya tıkanmasız (nonblocking) olarak sınıflandırmıştır. Tıkanmasız tasarımlar en iyi performansı sağlıyor olsa da tıkanmalı tasarımlardan çok daha maliyetlidir. Tıkanmalı OTSI'lar tıkanmasızlara göre daha az karmaşıktır. Performans sonuçları 64 zaman slotundan daha az sayıda slotlu bir sistemin sadece dört gecikme hatlı tıkanmalı OTSI'sı olsa bile mükemmel istatistiksel çoğullama performansı sağlayabileceğini göstermektedir. 1 μs zaman slotu süresi ile her bir OTSI ışığın 15 μs'de fiberde seyahat ettiği mesafeye eşit olan toplam gecikme hattı uzunluğuna ihtiyaç duyar. Bu yüzlerce veya binlerce kilometreye yayılan geniş alan optik bağlantılarını sonlandıran yönlendiriciler için oldukça makul bir ek yüktür. Çoğuşmalara bağlı olan anahtarlama işlemlerinin ortalama sayısı da oldukça azdır. İşlem sayısı %90'lık yük için her bir atlamada dört anahtarlama işleminden daha azdır. Bu sayede çoğu çoğuşma muhtemelen elektronik forma ara dönüştürme olmadan uçtan uca anahtarlanabilecektir [3, 18].

Liu ve diğ. [19] tarafından yapılan çalışmada uçtan uca rezervasyon kullanan bir çoğuşma zinciri için bant genişliğini rezerve eden yeni bir mekanizma öne sürülmüştür. Bu makul sinyal verme yüklü OBS ağlarında çakışmasız çoğuşma iletimini başarmak içindir. Zaman-slotlu OBS şeması dört aşamadan oluşmaktadır. Bunlar araştırma, zaman slotu arama, ters yönlü rezervasyon ve çoğuşma yollama aşamalarıdır. Araştırma aşaması süresince araştırma paketi uçtan uca yol boyunca her düğümde bir dalgaboyu için zaman slotu elverişliliği üzerinde bilgileri toplamaktadır. Zaman slotu arama aşamasında araştırma paketi hedefe bir kez ulaştığında hedef araştırma paketi tarafından toplanan bilgilere göre yeterli zaman slotu için arama yapar. Bu arada araştırma paketi uçtan uca yol boyunca her düğüm için zaman slotu elverişliliği bilgisi listesine sahiptir. Arama süreci ilk düğümde ilk çerçeve içerisinde ilk slottan başlar. Ters yönlü rezervasyon aşamasında rezerve edilmiş zaman slotu ışık yolu vektörlü rezerve paketi seçilen zaman slotlarını rezerve etmek için geri yollanır ve ters yönlü yol boyunca zaman slotu anahtarlamayı yapılandırır. Çoğuşma yollama aşamasında ise kaynak gelen IP paketlerini aynı boyutlu çoğuşmalara bir zaman slotu olarak birleştirir. Her bir çerçeve içinde eğer şimdiki slot o anki bağlantı tarafından rezerve edilmiş ise kaynak tamponunda bekleyen bir çoğuşma hedefe yollanır. Farklı kaynakların aynı zaman slotlarını rezerve etmeye çalışması durumundan kaçınmak için farklı zaman slotlarında her bir kaynak için araştırma süreci başlatılır [19].

Ujager ve diğ. [20] tarafından TSOBS'nin değiştirilmiş bir ağ yapısı öne sürülmüştür. Bu yapı paket iletim gecikmesi açısından daha iyi performans vermektedir. Yapıda ağ düğümlerinin senkronizasyonu için gerekli olan fiziksel düzlem (plane) üzerinde bir kontrol/yönetim düzlemi kullanılmaktadır. Ağdaki her düğüm kontrol/yönetim ağı boyunca tüm diğer düğümlerle senkronize olan bir saat (clock) sürdürür. Bu saatin birimi bir zaman slotunun boyutuna eşittir ve her bir saat biriminin başında bir veri çoğuşması iletilir. Çalışmada öne sürülen çoğuşma iletim algoritması zaman slotlu OBS ağlarında paket seviyesi performansını arttırmayı amaçlamaktadır. Algoritma çoğuşmaların iletim gecikmelerine bağlı olarak çekişmesiz ortam ve farklı slot boyutları sağlamak için modülo aritmetiği kullanır. Ayrıca uç düğümlerde daha az veri kayıplarına neden olur. Sonuçlar çözümün, önceki çözümlere göre daha iyi performans verdiğini göstermektedir. Çözüm %89 olarak daha iyi sonuç vermektedir ve veri kayıp olasılığı açısından %21'lik bir gelişme göstermektedir [20].

Zaman-slotlu optik çoğuşma anahtarlamalı ağ, Zaman Bölmeli Çoğullama ve Optik Çoğuşma teknolojisini birleştirerek WDM üzerinde IP'yi destekleyen bir yapıdır. TS-OBS ağ yapısı dalgaboyu dönüştürmesiz çift yönlü çoklu fiber çoklu dalgaboylu bir sistemdir. Uç ve çekirdek yönlendiricilerden oluşur ve her bir düğüm çoklu fiber çoklu dalgaboylu optik bağlantılar ile birbirine bağlanır. Şekil 2.6 TS-OBS yapısını özetlemektedir. Liang ve diğ. [21] çoklu fiber dalgaboyu kanallı zaman slotlu OBS ağlarının bloklama performansını hesaplamak için bir yapı (framework) öne sürmüştür. Model, TS-OBS ağında çoklu sınıf trafiklerinin yanı sıra ağ parametrelerinin değişiminin etkilerini analiz etmek için uygulanmıştır. Simülasyon sonuçlarıyla modelin etkinliği kanıtlanmıştır. Çalışma çoklu fiber TS-OBS ağının gelecek İnternet servisleri için kabul edilebilir bir bloklama performansı sağladığını göstermektedir. Geliştirilen analitik model basit ama etkilidir. Yüksek öncelikli trafik nedeniyle ortaya çıkan indirgenmiş slot kanalları göz önünde bulundurulmuştur. Model sadece tüm bloklama olasılığını değil ayrıca ağda çoklu sınıf servisleri durumlarında her bir sınıf trafiği için bloklama performansını da hesaplayabilmektedir. Hesaplama ve simülasyon sonuçları OTSI'lı çoklu fiber TS-OBS ağının çoğu trafik yükü içerisinde aynı kabul edilebilir bloklama performansını başarabildiğini göstermektedir. Bu bir optik anahtarda FDL dizisinden gelen iç bloklama ele alınmayan, dalgaboyu dönüştürme bileşenli C-OBS (Conventional Optical Burst Switching-Klasik Optik Çoğuşma Anahtarlama) ağında gerçekleştirilir.

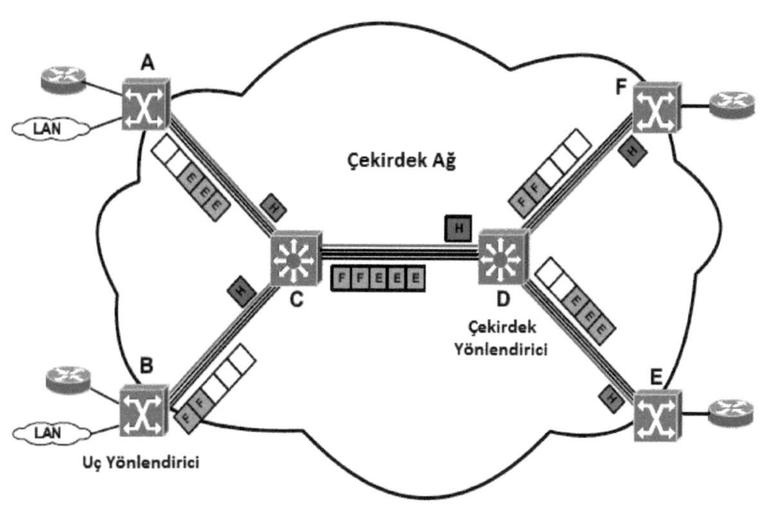

Şekil 2.6: TS-OBS ağ yapısı [21].

OBS ağlarında çekişen çoğuşmaları depolamada kullanılan geniş tampon ihtiyacının üstesinden gelmek için TSOBS öne sürülmüştür. TSOBS'de çoğuşmalar dilimlidir ve sabit uzunluklu zaman slotlarının çoklu çerçeveleri boyunca yayılırlar. Çünkü TSOBS kendi çerçeve yapısında sabittir. Sivaraman ve Vishwanath [1] TSOBS'yi çerçevelerin hiyerarşisine izin vermek için genellemiştir. Hiyerarşik TSOBS (HiTSOBS) olarak adlandırılan bu şema birçok oran tanecikliliğini (granularities) destekler ve ağı etkili bir şekilde paylaşmak için farklı kayıp-gecikme gereksinimli çoklu trafik sınıflarına izin verir. Sivaraman ve Vishwanath [1] tarafından öne sürülen HiTSOBS yapısı ağ operatörlerine ağda aynı anda var olmak için istenilen kayıp-gecikme gereksinimli doğru trafik karışımını seçmede özgürlük sağlar.

TSOBS optik çoğuşma anahtarlama sisteminin ölçeklenebilirliğini başarılı bir şekilde adreslerken çerçeve yapısında aşırı derecede sabittir. Çerçeve boyutu (her bir çerçeve için slot sayısı) evrensel olarak tüm anahtarlarda önceden yapılandırılmak zorunda olan ana parametredir. Küçük çerçeve boyutu çekişme olasılığını arttırır. Çünkü üst üste gelen çoğuşmalar büyük olasılıkla aynı slot sayısını seçerler. Geniş çerçeve boyutları, bağlantı kapasitesinin azaltılmış parçasına erişebilen her bir akış nedeniyle daha geniş uçtan uca gecikmelere sebep olurken bu, giriş uç düğümünde önemli bir kuyruk gecikmesine neden olur. Çerçeve boyutuyla belirlenen kayıp-gecikme değiş tokuşu (trade-off) tüm trafik akışları boyunca tek tiptir ve ayrılmış QoS sağlamak için dinamik olarak ayarlanamaz. Bu TSOBS'yi pratik kullanım için çok sabit yapar. TSOBS'nin bu kısıtlamalarının çerçeve yapısının esnek bir hiyerarşiye genellenmesiyle üstesinden gelinir. Geliştirilen fikir hiyerarşik round-robin (HRR) paket planlayıcısından esinlenmektedir. HiTSOBS devamlı olarak düşük oran servisi sunan hiyerarşide olan alt slotlarla eş zamanlı olarak var olmak için çoklu çerçeve boyutlarına izin verir. Bu, daha alt seviyelerde eş zamanlı olarak kayıp duyarlı trafik desteklenirken hiyerarşinin daha yüksek seviyelerinde çalışmak için gecikme duyarlı trafik sınıflarına izin verir. Ayrılmış servisleri farklı trafik sınıflarına destekleme özelliği ile HiTSOBS, dinamik olarak çerçeve hiyerarşisini trafik karışım değişiklerine adapte eder. Böylece ağ-geniş ön yapılandırması çözülür [1].

Sivaraman ve Vishwanath [22] HiTSOBS için bir yapı öne sürmüştür. Bu yapı esnekliğin gerçekleşmesi ve uygun maliyetli OBS ağları için uygulanabilir bir seçenek olarak sunulmuştur. HiTSOBS farklı trafik sınıflarına ayrılmış servisleri sağlama özelliğinin yanında çerçeve hiyerarşisini trafik karışım değişiklerine dinamik olarak adapte eder. Böylece ağ kapsamlı ön yapılandırmayı giderir. Ayrıca HiTSOBS farklı kayıp gecikme değiş tokuş noktalarında çalışmak için farklı trafik sınıflarına olanak sağlayan esnek bir çerçeve hiyerarşisini ortaya çıkarıyorken, OBS'nin veri ve kontrol düzlem ölçeklenebilirliğini korur.

Um ve diğ. [23] zaman slotlu OBS ağları için bir merkezi kontrol yapısı ve zaman slotu atama yöntemi öne sürmüştür. OBS ağlarında giriş OBS düğümleri optik çoğuşmaları iletmek için gerekli olan zaman slotlarını talep eder ve bir merkezi kontrol düğümü slot çekişme sonucuna göre bir yanıt oluşturur. Çalışmadaki şema çoğuşma çekişme çözümünü ve optik kanal kullanımını geliştirmeyi amaçlamaktadır. Ağ kontrol/yönetim üç kategoriye ayrılabilir: merkezi, dağıtık ve karma kontrol/yönetim. Her bir kontrol ve yönetimin avantajları ve dezavantajları vardır. Fakat ITU-T (International Telecommunications Union Telecommunication Standardization Sector-Uluslararası Telekomünikasyon Birliği Telekomünikasyon Standartlaştırma Birimi)'de tipik haberleşme ağları ve otomatik anahtarlanmış optik ağlar (Automatic Switched Optical Networks-ASON) kontrol düzleminin veri düzleminden ayrı olduğu merkezi kontrol/yönetim yapısını takip ederler. Um ve diğ. [23] tarafından yapılan çalışmada yol hesaplaması ve slot ataması için veri düzleminden ayrı bir kontrol düzlemi düşünülmüştür. Kontrol birimleri veya kontrol/yönetim ağları sinyalleşme mesajı tanımlanarak birbirlerine bağlanabilirler. Şekil 2.7'de gösterildiği gibi kontrol birimi ve ts-OXC (time slotted optical cross connect-zaman slotlu optik çapraz bağlantı) arasında bir arayüz kanalı vardır. Bu yapıda bir giriş ts-OXC'den yol hesaplama ve slot ataması için bir istek, kontrol birimine teslim edilir. İsteğin alınması üzerine kontrol birimi, zaman slotlu OBS ağında optik çoğuşmaları ulaştırmak için optimum bir yol bulma, yapılandırma bilgisini ts-OXC'lere teslim etme ve bir optik çoğuşma iletmek için giriş ts-OXC'ye atanan zaman slotunu bildirme sorumluluklarını almaktadır. Bu yapıda tüm çoğuşmalar boyut olarak eşittir ve tüm bağlantı yayılma gecikmeleri zaman slotlarının bir tamsayısıdır. Ağ topoloji bilgisi yönlendirme protokolleriyle kontrol birimine dahil edilir. Yönlendirme tablosuna zaman slotu atama algoritması uygulanarak kontrol birimi birkaç yol bulabilir. Bir yol istek için verilen kısıtlamalara göre seçilebilir. Temel olarak kontrol biriminin görevleri her bir ts-OXC'de paylaştırılabilir. Bu da kontrol biriminin kontrol yükünü azaltır. Analizler ve simülasyon sonuçları zaman slotlu OBS ağının kanal kullanımının giriş tamponlama gecikmesi maliyetinde önemli derecede bir ilerlemeye neden olduğunu göstermektedir.

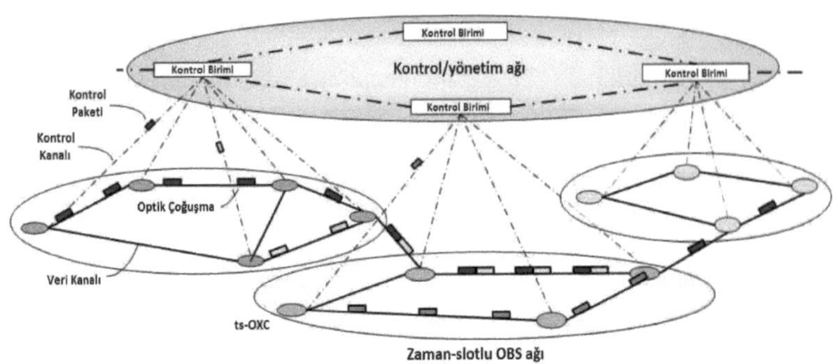

Şekil 2.7: Merkezi kontrol birimli ağ yapısı [23].

Abe ve diğ. [24] optik ağ performansını arttırmak için SOBS'ye BECN/CRN tipi Saptırma Yönlendirmesi (BECN/CRN typed Deflection Routing) adapte etmiştir. Ayrıca çoğuşma çekişmesinin üstesinden gelmek için Zorunlu Bekleme Kontrolü (Enforced Waiting Control-EWC) ve Zamanlama (Scheduling) şemaları sunulmuştur. BECN/CRN şemasında birbirine bağlı bağlantılardan birindeki tıkanıklığı (congestion) tespit eden bir düğüm tıkanıklık durumuna bağlı olan BECN sinyalini yollamak için uygun komşu düğümleri seçer. Karma BECN/CRN tipi Saptırma Yönlendirmesi SOBS'nin performansında mükemmel derecede bir artış sağlar. EWC'de ağ tıkanıklık durumunda iken kaynak düğüm, Zorunlu Bekleme Zamanı (Enforced Waiting Time-EWT) için yol oluşturmada bir kontrol paketi yollamak için erteleme zamanı oluşturur. EWT'den sonra uygun kaynaklar artabilir. Dolayısıyla veri çoğuşma kaybı azalır. Zamanlama, ağ bant genişliğini etkili bir şekilde kullanmak için trafik akışlarını böler. Abe ve diğ. [24] tarafından yapılan simülasyon çalışması sonuçları, önerilen üç şemanın performanslarının iyi olduğunu göstermektedir. Ek olarak bu üç şemanın birleşimi mükemmel performans vermektedir.

SOBS son zamanlarda eşzamanlı altyapılar ile başarılabilen performans kazançları sayesinde optik ağ topluluğunun ilgisini çekmiştir. Ozturk ve diğ. [25] tarafından yapılan çalışmada sabit çoğuşma boyutunun slot uzunluğunun tamsayı katı olduğu

Poisson çoğuşma trafikli bir slotlanmış optik çoğuşma anahtarlama düğümündeki kayıp olasılıkları çalışılmıştır. Servis kaliteli ayrıştırmalı ve servis kalitesi ayrıştırma olmayan sistemlerde kayıp olasılıklarını elde etmek için Ayrık-zamanlı Markov zinciri (discrete-time Markov chain-DTMC) tabanlı yapı geliştirilmiştir. Özellikle SOBS ağları için öncelik zamanlama, analitik modelleme ve ofset tabanlı QoS ayrıştırma mekanizması üzerinde durulmuştur. Çalışmada en iyi girişim (best-effort) ve öncelik verilmiş bir SOBS çekirdek düğümünün çoğuşma kayıp olasılıkları üzerinde çalışılmıştır. DTMC tabanlı yapı bu iki tip SOBS düğümünün çoğuşma kayıp olasılıklarını hesaplamak için kullanılmıştır. Yapının kesinliği simülasyon ile doğrulanmıştır. Sonuçlar çoğuşma uzunluğu artarken SOBS'nin çoğuşma kayıp olasılığı açısından asenkron OBS'ye asimtotik olarak yakınsadığını göstermektedir ve bu yakınsama trafik yükü yüksek ve dalgaboyu sayısı düşük olduğunda yüksek kayıp oranları için oldukça hızlıdır. Ayrıca SOBS'nin klasik OBS ile benzer performans sağlayabileceği gösterilmiştir. Fakat OBS az dalgaboyları ve oldukça ağır trafik durumlarında gelecek nesil İnternet yapısı olarak değerlendirilebilir. Çalışmada incelenen QoS şemaları arasında ofset tabanlı ayrıştırmalı karma (hybrid) öncelik zamanlama QoS sınıfları arasında en iyi ayırmayı sağlamaktadır ve ofset tabanlı ayrıştırma sonuncuyu planlayan ikinci ayrılan önceliği sıralar. Dalgaboyu sayısı artarken ve çoğuşma uzunluğu azalırken bir yüksek ayırma seviyesi elde edilir. Yüksek öncelikli çoğuşmalardan oluşan trafik oranı azaltılarak ayırımda daha yüksek dereceye ulaşılabilir.

Optik Çoğuşma Anahtarlama'nın en büyük dezavantajı yeterli optik tamponlama eksikliği sebebiyle kaçınılmaz olan yüksek paket kayıplarıdır. Böylece elektronik alana yük dönüşümünden kaçınmanın avantajı aynı çıkış portu için çekişen düşen paketlerin maliyetinde ortaya çıkmaktadır. Bu çekişme sınırlı fiber gecikme hattının sağlayabildiğinden daha fazla paket için devam etmektedir. Bu kayıplardan kaçınmak için Angelopoulos ve diğ. [26] tarafından bir yöntem öne sürülmüştür. Çoğuşma başlığı yerine kontrol kanalı üzerinden bir gözcü (scout) başlığı yollanmaktadır. Bu gözcü başlık gerçek paketin karşılaşacağı olayları simüle edebilmek için yollanmaktadır. Gözcü mesaj bir düşmenin kaçınılmaz olduğu bir ara düğümde bir kez bildirildiği zaman geri gelir ve gerçek paketin yollanmasını engeller. Yerine yeni bir gözcü bildirilir. Eğer hepsi sorunsuzsa paket kayıpsız olarak yollanır. Bunu sağlamak için slotlanmış bir yaklaşım tüm gerekli kontrol araçlarıyla edinilir. Dezavantajı ise dolaylı rezervasyonların gecikmesi ve bu yaklaşımın uygulanabilirliğini sınırlayan ara sıra meydana gelen tekrarlı denemelerdir [26].

İki yollu slot rezervasyon uygulamaları herhangi bir OBS ortamına benzemektedir. Düğümler W veri dalgaboyları ve kontrol dalgaboylarından oluşan WDM bağlantıları ile birbirlerine bağlanmaktadır. Yerel trafik slotları oluşturmak için kullanılır. Elektronik tamponlar sadece optik tamponlar transit trafik için olası iken bu tip trafik için kullanılır. Kuyruklama her bir hedef ve QoS sınıfından etkilenir. Zamanlama algoritmasında gözcüler her biri bir hedef ve QoS sınıfıyla bağdaştırılan kuyruk ile yönetilir. Veri slotu yollanmadan önce yol boyunca olan tüm düğümlerdeki gelecek çekişme sonucu ilk olarak bir gözcü tarafından bulunur. Gözcü veri çoğuşması için optik yol hazırlarken bilgiyi taşıyan kontrol kanalında yolculuk eder. Fakat her bir düğümün zamanlama sonucuyla bilgilendirilir. Bu yapı araştır-ve-git (probe-and-go) olarak tanımlanır. Sonuç olarak bu protokol tek yollu kayıplarından ve yüksek katman sürecinin ek gecikmelerinden kaçınabilir [26].

Coulibaly ve diğ. [27] tarafından yapılan çalışmada zaman alanı (domain) anahtarlama optik çoğuşma anahtarlı ağların performansı üzerinde zaman slot parametrelerinin etkileri çalışılmıştır. Tüm çekirdek düğümlerin veri alabildiği ve yollayabildiği OBS ağları araştırılmıştır. Zaman slot parametreleri değişken olan SOBS performansı incelenmiştir. Araştırılan zaman slot parametreleri çerçeve boyutu ve zaman slot boyutudur. Ek olarak zaman slotu ve diğer parametreler sabit kaldığında ağ boyutunun etkileri analiz edilmiştir. Ölçüm için kullanılan metrikler gecikme ve verimdir (throughput). Simülasyon sonuçları aynı yol (route), dalgaboyu ve zaman slotu atama algoritması kullanıldığında, zaman slot parametrelerinin tüm ağ performansını etkilediğini kanıtlamaktadır. Coulibaly ve diğ. [27] farklı simülasyon senaryolarının sonuçlarını betimlemiş ve analiz etmiştir. Ağ topolojisine bakılmaksızın daha iyi ağ verimi daha küçük zaman slot boyutu ile elde edilir. Ayrıca önerilen yük arttıkça verim artar ve çok yüksek yükte sabit hale gelir. Daha küçük zaman slotları büyük zaman slotlarından daha iyi gecikme performansına sahiptir. Bunun sebebi büyük zaman slotlarının işlem süresinin daha uzun olmasıdır. Daha geniş ağ topolojileri biraz uzun gecikme maliyetinde daha iyi verim performansına sahiptir. Daha ufak ağ topolojileri aynı yüklü daha geniş ağ topolojileriyle kıyaslandığında daha az verimlidir. Bir slotlu OBS'de daha ufak çerçeve boyutları verim ve gecikme açısından daha iyi sonuçlar üretmektedir. Çerçeve boyutu ve diğer parametreler sabit olduğunda ağ topolojisi farklılık yaratır. Daha geniş ağ topolojileri verim açısından daha küçük topolojilere göre daha iyi performans vermektedir. Fakat gecikme açısından daha kötüdür.

Slotlanmış sistemlerde trafik kümeleme (aggregation) stratejisi etkinliği oldukça etkilemektedir ve OBS yapılarında daha da fazla önemli olmaktadır. Biri bir slot doldurulana kadar beklemek için veya birleştirme (assembly) zamanına bir sınır ayarlamak için seçim yapabilir. Bu etkisizlik (inefficiency) maliyetinde QoS talep eden trafiğe gecikme garantileri sunmak içindir. Gerçek zaman (real time) ve esnek trafiğin ikisinin birden desteklenmesi zorunlu olduğunda, onların çelişme gereksinimleri slot birleştirme stratejisi üzerinde bir zorlu iş (challenge) sunar. Leligou ve diğ. [28] tarafından yapılan çalışmada servis garantileriyle yüksek kullanım kazancını birleştiren bir slot kümeleme stratejisi öne sürülmüş ve değerlendirilmiştir. OBS uç düğümlerinde trafik kümeleme genellikle iki etmene bağlıdır. Bunlar birleştirme zamanı ve birleştirilen çoğuşma uzunluğudur. Şekil 2.8'de gösterildiği gibi gelen trafik her bir düğümü için sınıflandırılır. Kümeleme kontrol birimi (aggregation control unit) her bir paket ulaştığı zaman bildirilir ve çoğuşma iletim için iletim kuyruğuna doğru iletileceği zaman karar verir. Bu gibi bir karara kümelenmiş çoğuşma uzunluğu veya birleştirme zamanı önceden tanımlanmış bir eşik değerini aştığında ulaşılır. Ardından kontrol başlığı veri, iletim kuyruğunda ofset zamanı için beklerken iletilir. Ofset zamanı (çoğuşma başlığı iletimi ve veri iletimi arasındaki zaman aralığı) Optik Elektrik dönüşüm (Optical to Electrical conversion) olmadan gerçek veriyi anahtarlamak amacıyla giriş çıkış çapraz-bağlantıları yapılandırmak için OBS düğümüne olanak sağlar. Sonuç olarak bir OBS düğümüne ulaşan her paket MAT (Maximum Assembly Time-Maksimum Birleştirme Zamanı) artı ofset zamanından daha fazla olmayacak şekilde kuyruğa sokulur.

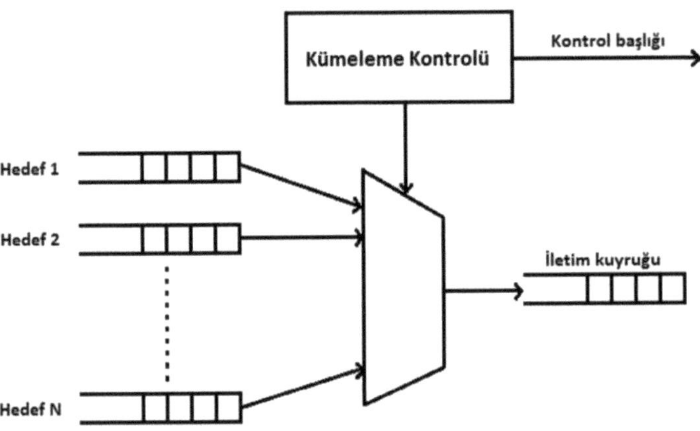

Şekil 2.8: OBS düğümlerinde trafik kümeleme birimi [28].

Slotlanmış işlemler OBS çekirdek ağlarında çekişme performansını arttırıyor olsa bile gecikme duyarlı trafik için katı gecikme garantileri ile üzerinde durulan doldurma seviyelerinde bazı etkisizliklerden zarar görür. Farklı sınıflardan birleşik slotlara trafiğin çoğullanmasına izin veren bir kümeleme stratejisi slotlanmış sistemlerin sistem kullanımını arttırır. Leligou ve diğ. [28] tarafından yapılan analiz ve simülasyon sonuçları kümeleme stratejisinin her bir uç düğümden uç düğüme yük için %20 etkinlik kazancı sunabileceğini göstermektedir. Her bir uç düğümden uç düğüme yük bağlantı kapasitesinin %30 altında kalır.

OBS, tam optik gelecek nesil ağları için çekişmeye dayanan bir çözümdür. Bazı eş zamanlı olmayan (asynchronous) OBS protokolleri eş zamanlı OBS'ye genişletilmiştir. Bir çoğuşmayı çoklu zaman slotlarına yükleyen SOBS'de çoğuşma rezervasyonu zaman slotu ID'si ve istenen zaman slotu sayısına bağlıdır. SOBS eş zamanlıdır ve zaman slotlarını kullanırken çoğuşmalar kısmen bloklanmış olabilir. Çünkü zaman slotlarında ayrılmış çoğuşmalardan herhangi biri bloklanabilir. Diğer önerilen eş zamanlandırılmış OBS protokolü TSOBS'dir. TSOBS, OTSI kullanarak anahtarlamayı dalgaboyu alanı yerine zaman alanında uygular. Rugsachart ve Thompson [29] tarafından yapılan çalışma, bu kavramı dalgaboyu dönüştürmeden kaçınmak için sadece zaman slotu değiştirmeyi kullanarak genişletmektedir. Zaman slotu tabanlı OBS dalgaboyu dönüştürme mevcut olsa bile klasik OBS'nin performansını arttırmaktadır. Çalışmada SynOBS (Time Synchronized Optical Burst Switching-Zaman Senkronize Edilmiş Optik Çoğuşma Anahtarlama) olarak adlandırılan OBS tabanlı bir senkronize edilmiş zaman slotu varyasyonu öne sürülmüştür. SynOBS'de her bir çoğuşma sabit boyuta sahiptir ve her bir dalgaboyu sabit süreli zaman slotlarına bölünür. Çoğuşmaların bir akışı, her bir zaman slotu içerisinde olan bir veri çoğuşmalı veya çoğuşmasız sabit uzunluklu zaman slotlarının akışı gibi gözükmektedir. Şekil 2.9'da gösterildiği gibi farklı giriş bağlantılarından ve dalga boylarından olan zaman slotları senkronizasyonu sürdürmek için yeniden sıraya koyulur.

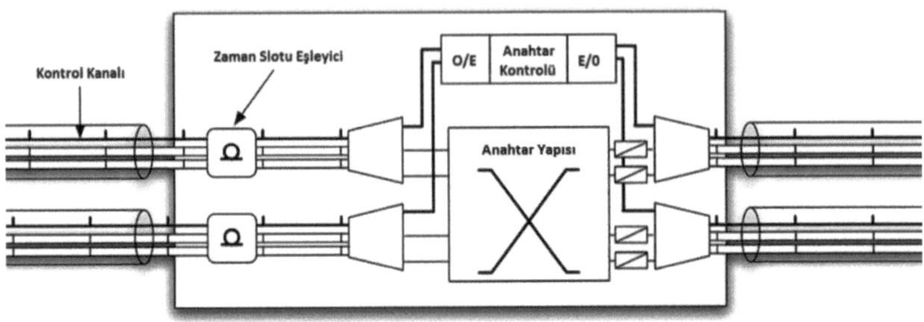

Şekil 2.9: SynOBS yapısı [29].

SynOBS klasik OBS'den daha iyi kaynak kullanımı elde etmek için senkronize edilmiş bir zaman slotlama tekniği kullanır. Rugsachart ve Thompson [29] SynOBS için birçok kaynak rezervasyon algoritmasını ele almış ve ayrık zamanlı Markov zincirlerini kullanarak matematiksel analizlerini yapmıştır. Bu algoritmalar ayrık FDL'li SynOBS ve paylaşımlı FDL'li SynOBS'dir. Öne sürülen bu matematiksel modeller simülasyonlar ile doğrulanmıştır. Sonuç olarak paylaşımlı FDL'li SynOBS ayrık FDL'li SynOBS ile kıyaslandığında çoğuşma düşme olasılığı için daha iyi performans sağlamaktadır. SynOBS ve klasik OBS'yi kıyaslayan simülasyonlar her bir rezervasyon algoritmasında SynOBS için gelecek vaat eden sonuçlar göstermektedir. SynOBS senkronize doğası sebebiyle hangi FDL rezervasyon algoritmasının kullanıldığına bakılmaksızın her zaman klasik OBS'den daha iyi bloklama olasılığına sahiptir. Yüksek yük altında çekirdek OBS düğümünde FDL kullanımının klasik OBS üzerinde önemli derecede geliştirilmiş performans sağladığı görülmektedir. Fakat ayrık FDL'li SynOBS ve paylaşımlı FDL'li SynOBS arasında ufak bir fark gözlemlenmiştir. FDL olmayan SynOBS ile klasik OBS kıyaslandığında SynOBS sonuçları klasik OBS üzerinde biraz gelişim göstermektedir. Klasik OBS ve SynOBS, FDL kullanıldığında performans gelişimi elde ederken ayrık FDL'li SynOBS'de büyük bir gelişim gözlemlenmiştir. Hatta paylaşımlı FDL'lide daha büyük bir ilerleme olmuştur.

Reza ve Majumder [30] çalışmasında bir optik çoğuşma anahtarlama ağının slotlanmış çoğuşması için bir çoğuşma kayıp oranının analitik modelini öne sürmüştür. Birçok ağ tasarım parametresinin sistem performansı ölçümleri üzerindeki etkileri araştırılmış ve sayısal olarak sunulmuştur. Sonuçlar sistem performansının dalgaboylarının ve dalgaboyu dönüştürme kapasitesinin artışıyla geliştiğini göstermektedir. Fakat ağ trafiği veya çoğuşma bloklama olasılığı artarken sistem performansı düşer. Simülasyon sonuçları BLR (burst loss rate-çoğuşma kayıp oranı)'nin çoğuşma varış olasılığının artmasıyla arttığını göstermektedir. Çoğuşma sayısı arttıkça daha çok çoğuşma kayıp olur. Dalgaboyu dönüştürme kapasitesi arttıkça çoğuşma kayıp oranı azalır. Sabit çoğuşma varış olasılığı olduğunda her bir çoğuşma için slot sayısı azalıyorken ağ trafiği artar. Ağ tam dalgaboyu dönüştürme kapasitesine sahip olduğunda çoğuşma kayıp oranı, her bir çoğuşma için slot sayısı dalgaboyu sayısından büyük olana kadar sıfır olur. Çoğuşma kayıp oranı toplam dalgaboyu sayısının artmasıyla azalır. Ayrıca çoğuşma kayıp oranı bloklama olasılığının artmasıyla artar ve çoğuşma bloklama olasılığı bir olduğunda çoğuşma kayıp oranı bir olur.

OBS ağlarında bloklama üzerindeki performans değerlendirmesi her zaman güncel konulardan biri olmuştur. Birçok araştırmacı OBS ağlarını, dönüştürücülü çekirdek düğümlerinde veya Erlang-B formülü, Engset analizi, sabit nokta yaklaşımı gibi sayısal yöntemlerin kullanıldığı tamponlarda düşünmüştür. Fakat yakın gelecekte şimdiki olgunlaşmamış teknolojiler nedeniyle transparan optik ağların içerisinde verimli optik tamponların ve dönüştürücülerin uygulanabilmesi kullanışsız olacaktır. Bu sebeple tamponsuz ve dönüştürücüsüz bir OBS ağının çekirdek düğümlerinin bloklama olasılıkları üzerinde araştırma geliştirme pratik uygulama için çok önemlidir. Bir çekirdek düğümde, birden fazla çoğuşmanın aynı anda aynı çıkış portuna yönlendirilmesi gerekliyse bir çoğuşma çekişmesi ortaya çıkar ve sadece bir çoğuşma başarılı bir şekilde iletilir. Bu demektir ki sadece trafik yükü değil ayrıca varış ve servis oranları, çoğuşma uzunluğu, zaman slotu uzunluğu gibi diğer etkenler de çoğuşma çakışmasıyla sonuçlanan önemli sebeplerdir. Diğer bir değişle klasik M/M/1/1 modeli doğru olmayabilir. Yang ve diğ. [31] tarafından yapılan çalışmada optik çoğuşma anahtarlama ağının performansını doğru bir şekilde hesaplamak için çekirdek düğümlerinin bloklama olasılığı üzerinde bir hesaplama, tampon ve dönüştürücü uygulanmadığında zaman slotu analitik yöntemine bağlı olarak yürütülür. Ayrıca analitik model ve simülasyon arasında bir karşılaştırma yapılmıştır. Sayısal değerler önerilen analitik modelin bloklama olasılığında M/M/1/1 modelinden daha doğru ve simülasyon sonuçlarındaki ortalama sapmanın tüm trafik durumlarında yaklaşık %7 olduğunu göstermektedir. Bloklama olasılığı üzerinde olduğundan fazla bir tahmin vardır. Bu özellikle ışık yükündedir. Zaman slotu ve çoğuşma uzunluğu arasındaki ilişki sebebiyle bu çalışmada öne sürülen bloklama modeli daha doğru ve tüm trafik durumlarında simülasyon sonuçlarıyla hemen hemen tutarlı olarak görülmektedir.

Shan ve diğ. [32] tarafından yapılan çalışmada sabit uzunluklu zaman slotunun temel anahtarlama tanecikliliği olarak kabul edildiği ve anahtarlamanın dalgaboyu alanı yerine zaman alanında yapıldığı OTS (Optical Time Slot Switching-Optik Zaman Slot Anahtarlama) teknolojisi öne sürülmüştür. Ek olarak RWTA (routing, wavelength and time slot assignment-yönlendirme, dalgaboyu ve zaman slotu atama) problemi üzerinde çalışılmıştır. Sonuçlar şemanın bloklama performansı, servis kalitesi ve servis sınıfı açısından klasik OBS'den daha iyi performans verdiğini göstermektedir. Değişken çoğuşma boyutu bir yandan OBS'yi daha etkili çalışıyor hale getiriyor olsa da diğer bir açıdan kaynak çekişme problemini zorlaştırmaktadır. Özellikle tek yönlü kaynak rezervasyon mekanizması ve belirsiz çoğuşma boyutu şeması bağlantı-odaklı servisleri sağlayamamaktadır. Bu yetersizliğin üstesinden gelebilmek için değişken boyutlu çoğuşmayı, veri paketlerini bir araya getirmek için kullanılan sabit boyutlu zaman slotuyla yer değiştirme fikri üzerinde durulmuştur. Bazı çalışmalarda optik zaman slotu mekanizması üzerinde durulmuş olsa da bu alandaki problemler tam olarak ele alınamamıştır. Burada temel olarak zaman slotu atama şeması ve bloklama olasılığını ve çekişmeyi önemli ölçüde azaltması beklenen zamanlama şeması üzerinde çalışılmıştır. Ayrıca zamanlama şeması sanal bağlantı boyunca daha güvenilir QoS sağlayabilmektedir.

OTS her bir dalgaboyu kanalını zaman alanında tekrarlayan çerçevelere böler. Zaman alanı çerçeve içerisindeki sabit bir pozisyonda dilimli zaman slotunun tekrarlayan dizisini içerir ve her bir zaman slotu aynı uzunlukta sabit boyutludur. Burada zaman slotu uzunluğu zaman slotu boyutu olarak adlandırılır. Giriş düğümünde gelen paketler hedeflerine ve servis sınıflarına göre farklı kuyruklarda tamponlanırlar. Ardından gelen paketler maksimum zaman ve maksimum boyut tümleşke (assembly) algoritmasının ortak kısıtlamasıyla her bir zaman slotu içerisinde bir araya getirilir. Kontrol kanalını veri kanalından ayıran OBS benzeri kontrol mekanizması çalışmadaki şemaya adapte edilmiştir. Bu yapı ile dalgaboyu dönüşümü OTSI aracılığıyla zaman bölmeli anahtarlama ile tamamen değiştirilebilir. Shan ve diğ. [32] tarafından yapılan çalışmada RWTA problemini irdelemek için bağlantı istekleri iki tipe ayrılmıştır. Bunlar bağlantı odaklı tip ve bağlantı odaksız tiptir. OBS, BCP (burst control packet-çoğuşma kontrol paketi) ve ofset zamanıyla tek yollu rezervasyon mekanizmasını çalıştırır. Bu kısa süreli servisler için yüksek esneklik getirir. Fakat uzun süreli ve zaman duyarlı servisler için çok iyi çalışmaz. Çalışmadaki şema, her bir çerçeve için zaman slotlarını periyodik olarak rezerve etmek için iki yollu rezervasyon mekanizmasını adapte etmenin yanı sıra zaman slotu kontrol paketini önceden gönderirken tek yollu rezervasyon mekanizmasını destekler.

Kawanami ve diğ. [33] tarafından yapılan çalışmada iki yollu rezervasyonlu bir optik çoğuşma anahtarlamanın performansı kuyruk teori yaklaşımıyla analiz edilmiştir. Düşünülen anahtarlama optik ağlardaki paket anahtarlamanın kaynak paylaşımı ve dalgaboyu bölmeli çoğullamanın yüksek hızlı iletim kapasitesini kullanır. Anahtarlama yapısı altında bir optik ağın aynı uç düğümüne gönderilen ve bu sebeple bir optik çoğuşmaya koyulan bir paket grubu uç düğümde iletim için hazır olduğunda, düğüm bir çoğuşma iletiminin süreci için tahsis edilen dalgaboylarını elde etmek için merkezi kontrol düğümüne bir servis isteği yollar. Bir ofset aralığından sonra belirlenmiş bir dalgaboyu isteğe tahsis edilir. Gecikme özellikle gerçek zamanlı uygulamalar için QoS'nin azalmasına neden olur. Buradaki mekanizmanın olası iyileştirmelerinden biri uç düğüme önceden bir slot için istek yollanmasıdır. Bu bir slotu dolduracak yeterli paket sayısı sayılmadan önce yapılır ve bir slot içerisinde kalan boş yer ofset gecikmesinde ulaşan paketlerle doldurulur. Çalışmada optik çoğuşma anahtarlamalı ağlar için olan bir merkezi slot atama algoritmasının performansını irdelemek için bir kuyruk modeli öne sürülmüş ve kuyruktaki paket sayısının olasılık dağılımını türetmek için analiz edilmiştir. Ardından paket kayıp olasılığı, ortalama iletim gecikmesi ve çoğuşmaların kullanımı elde edilmiştir. Sayısal sonuçlara göre performans büyük oranla maksimum çoğuşma boyutu, istek eşiği ve paket varış oranına bağlı olduğundan çalışmadaki analizler uygulamalara ve trafik kaynaklarına bağlı olan kontrol parametrelerini adapte etmek için kullanışlıdır. Tablo 2.2'de literatürde SOBS ile ilgili yapılan çalışmalardan bazıları özetlenmektedir.

Tablo 2.2: SOBS ile ilgili yapılan çalışmalar.

Yayın İsmi	*Yazar*	*Yıl*	*Yöntem*	*Sonuç*
A Feedback-Based Contention Resolution Mechanism for Slotted Optical Burst Switching	Abe ve diğ.	2005	Optik ağ performansını arttırmak için SOBS'ye yeni bir saptırma yönlendirmesi adapte edilmiştir.	Öne sürülen saptırma yönlendirmesinin SOBS'nin performansında çok iyi derecede bir artışa neden olduğundan bahsedilmiştir.
A Dynamic Bandwidth Reservation Scheme for a Collision-Free Time-Slotted OBS Network	Liu ve diğ.	2005	Uçtan uca rezervasyon kullanan bir çoğuşma zinciri için bant genişliğini rezerve eden yeni bir mekanizma öne sürülmüştür.	SOBS ağlarında çakışmasız çoğuşma iletiminin başarıldığı söylenmektedir.

Yayın İsmi	*Yazar*	*Yıl*	*Yöntem*	*Sonuç*
A Framework to Evaluate Blocking Performance of Time-slotted Optical Burst Switched Networks	Liang ve diğ.	2005	Çoklu fiber dalgaboyu kanallı zaman slotlu OBS ağlarının bloklama performansını hesaplamak için bir yapı öne sürülmüştür.	Simülasyon sonuçlarıyla modelin etkinliğinin kanıtlandığı ve çoklu fiber TS-OBS ağının gelecek İnternet servisleri için kabul edilebilir bir bloklama performansı sağladığı söylenmektedir.
Slot reservations for lossless Optical Burst Switching	Angelopoulos ve diğ.	2005	OBS'nin en büyük dezavantajı yeterli optik tamponlama eksikliği sebebiyle kaçınılmaz olan yüksek paket kayıplarından kaçınmak için bir yöntem öne sürülmüştür.	Yöntemin OBS'nin kabul edilemez olan kayıplarını önlediği söylenmektedir.
Traffic aggregation for slotted OBS systems	Leligou ve diğ.	2005	Servis garantileriyle yüksek kullanım kazancını birleştiren bir slot kümeleme stratejisi öne sürülmüş ve değerlendirilmiştir.	Farklı sınıflardan birleşik slotlara trafiğin çoğullanmasına izin veren kümeleme stratejisinin slotlanmış sistemlerin sistem kullanımını arttırdığı söylenmektedir.
Centralized Resource Allocation for Time-Slotted OBS Networks	Um ve diğ.	2006	Zaman slotlu OBS ağları için bir merkezi kontrol yapısı ve zaman slotu atama yöntemi öne sürülmüştür.	Analizler ve simülasyon sonuçlarına bakılarak zaman slotlu OBS ağının kanal kullanımının giriş tamponlama gecikmesi maliyetinde önemli derecede bir ilerlemeye neden olduğu söylenmektedir.

Yayın İsmi	*Yazar*	*Yıl*	*Yöntem*	*Sonuç*
An Analysis of Time-Synchronized Optical Burst Switching	Rugsachart ve Thompson	2006	TSOBS, OTSI kullanarak anahtarlamayı dalgaboyu alanı yerine zaman alanında uygular. Çalışma bu kavramı dalgaboyu dönüştürmeden kaçınmak için sadece zaman slotu değiştirmeyi kullanarak genişletmektedir.	Paylaşımlı FDL'li SynOBS'nin ayrık FDL'li SynOBS ile kıyaslandığında çoğuşma düşme olasılığı için daha iyi performans sağladığı görülmektedir. Yüksek yük altında çekirdek OBS düğümünde FDL kullanımının klasik OBS üzerinde önemli derecede geliştirilmiş performans sağladığı savunulmaktadır.
Performance Analysis of Optical Switched Networks with Two-Way Reservation	Kawanami ve diğ.	2007	OBS ağları için olan bir merkezi slot atama algoritmasının performansını irdelemek için bir kuyruk modeli öne sürülmüştür.	Sayısal sonuçlara göre performansın büyük oranla maksimum çoğuşma boyutu, istek eşiği ve paket varış oranına bağlı olduğu söylenmektedir.
Performance Analysis of an Optical Burst Switching (OBS) Network	Reza ve Majumder	2008	Bir OBS ağının slotlanmış çoğuşması için bir çoğuşma kayıp oranının analitik modelini öne sürülmüştür.	Sonuçlara göre sistem performansının dalgaboylarının ve dalgaboyu dönüştürme kapasitesinin artışıyla geliştiği söylenmektedir.
Hierarchical time-sliced optical burst switching	Sivaraman ve Vishwanath	2009	TSOBS çerçevelerin hiyerarşisine izin vermek için genellenmiştir.	HiTSOBS OBS'nin veri ve kontrol düzlemi ölçeklenebilirliğini korur ve farklı trafik sınıflarına izin veren esnek bir çerçeve hiyerarşisi sunar.

Yayın İsmi	Yazar	Yıl	Yöntem	Sonuç
Performance Evaluation of Slotted Optical Burst Switching Systems With Quality of Service Differentiation	Ozturk ve diğ.	2009	Sabit çoğuşma boyutunun slot uzunluğunun tamsayı katı olduğu Poisson çoğuşma trafikli bir slotlanmış optik çoğuşma anahtarlama düğümündeki kayıp olasılıkları çalışılmıştır.	Çoğuşma uzunluğu artarken SOBS'nin çoğuşma kayıp olasılığı açısından asenkron OBS ile benzer performansı sağlayabileceği gösterilmiştir.
Study on the Problem of Routing, Wavelength and Time-slot Assignment toward Optical Time-slot Switching Technology	Shan ve diğ.	2010	Sabit uzunluklu zaman slotunun temel anahtarlama tanecikliliği olarak kabul edildiği ve anahtarlamanın dalgaboyu alanı yerine zaman alanında yapıldığı OTS teknolojisi öne sürülmüştür.	Sonuçlara bakılarak şemanın bloklama performansı, servis kalitesi ve servis sınıfı açısından klasik OBS'den daha iyi performans verdiği söylenmektedir.
An Accurate Blocking Model Based on Timeslot Analysis for Optical Burst Switching Networks Without Buffers	Yang ve diğ.	2010	OBS ağının performansını doğru bir şekilde hesaplamak için çekirdek düğümlerinin bloklama olasılığı üzerinde bir hesaplama, tampon ve dönüştürücü uygulanmadığında zaman slotu analitik yöntemine bağlı olarak yürütülmüştür.	Zaman slotu ve çoğuşma uzunluğu arasındaki ilişki sebebiyle bu çalışmada öne sürülen bloklama modeli M/M/1/1 modelinden daha doğru ve tüm trafik durumlarında simülasyon sonuçlarıyla hemen hemen tutarlı olarak görülmektedir.
The Effect of Time Slot Parameters on Slotted Optical Burst Switched Networks	Coulibaly ve diğ.	2011	SOBS ağlarının performansı üzerinde zaman slot parametrelerinin etkileri çalışılmıştır.	Simülasyon sonuçlarına bakılarak aynı yol, dalgaboyu ve zaman slotu atama algoritması kullanıldığında, zaman slot parametrelerinin tüm ağ performansını etkilediği savunulmaktadır.

Yayın İsmi	*Yazar*	*Yıl*	*Yöntem*	*Sonuç*
Improved Time Slotted OBS network architecture and a novel delay aware burst transmission algorithm to reduce the network data loss	Ujager ve diğ.	2011	Öne sürülen çoğuşma iletim algoritması zaman slotlu OBS ağlarında paket seviyesi performansını arttırmayı amaçlamaktadır.	Sonuçlara bakılarak önceki çözümlere göre paket iletim gecikmesi ve veri kaybı açısından daha iyi performans verdiği savunulmaktadır.

2.3. SLOTLANMIŞ OPTİK PAKET ANAHTARLAMA (SOPS)

OPS tüm optik ağ senaryoları için gelecek vaat eden bir aday olarak görülmektedir. OPS ağları optik alanda zaman-bölmeli çoğullamayı etkinleştirerek istatistiksel çoğullamadan yararlanabilir. Bu da ağ kaynaklarının iyi bir şekilde kullanımını garanti altına alır. OPS asenkron ya da slotlu modda çalışır. Asenkron OPS'de paketler anahtara herhangi bir zamanda giriş portları arasında herhangi bir senkronizasyon olmadan ulaşırlar. SOPS'de paketler giriş portları arasında senkronize olan sabit ve eşit aralıklı ayrık zaman slotlarında anahtara ulaşırlar. SOPS asenkron OPS ile kıyaslandığında anahtar düğümün karmaşıklığını arttırıyor olsa da daha verimlidir. Çünkü çekişme oluşma ihtimali daha düşüktür [3, 34].

OPS ağlarında giriş trafiği ağ boyunca optik olarak tamponlanan ve anahtarlanan optik paketlerin içerisinde bir araya getirilirler. Paket tanecikliliği en yüksek performansı ve trafik yönetilebilirlik faydalarını belirtmektedir. Bunun yanı sıra fotonik bileşenlerde en yüksek maliyete neden olmaktadır. Senkron OPS'de paketler anahtarlama yapısında çekişme kararlılığını arttırmak için optik olarak sıralanırlar. Bu sıralanma bir slot sınırına doğru anahtar giriş portlarında olur. Asenkron OPS, bu tip bir optik sıralanma gerektirmez. Fakat daha yüksek paket gecikmelerine neden olur ve daha geniş optik tampon gerektirir [35].

2.3.1. SOPS ile İlgili Yapılan Çalışmalar

Slotlanmış bir sistemde gelen paketler girişlerde işlenmeden önce senkronize edilirler. Al-Zahrani [36] tarafından geliştirilen model farklı durumlarda ve işlem parametrelerinde SOPS anahtarını hesaplamak için kullanılabilen kapsamlı bir modeldir. Bu işlem parametreleri dalgaboyu sayısı, fiber sayısı, dönüştürücü sayısı ve farklı anahtar yapılandırmalarıdır. N girişli simetrik bir OPS farklı kaynaklardan gelen ve N çıkış bağlantısına gönderilen her biri F paralel fiberden oluşmaktadır. Bu yapı Şekil 2.10'da gösterilmiştir. Anahtar her bir fiber için w dalgaboylu ve çevrilebilir anahtar yapılandırması durumunda C dönüştürücülerin dönüştürme banklı bir WDM sinyali destekler. Paket uzunluğu bir zaman slotu için sabit kabul edilir [3, 36].

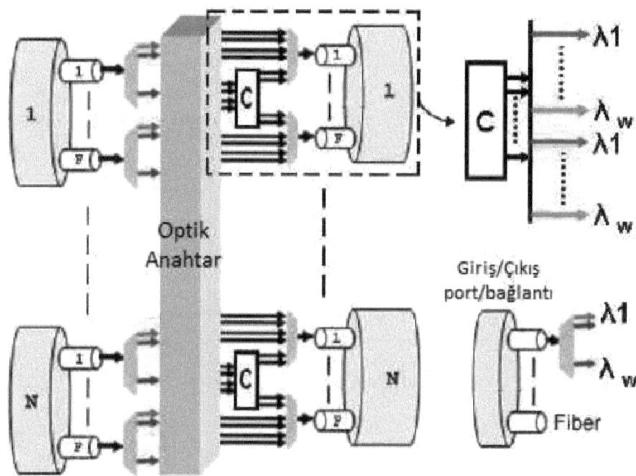

Şekil 2.10: Slotlanmış çoklu-fiber OPS anahtar yapısı [36].

Overby [34] tarafından yapılan çalışmada SOPS ağları için uygun olan bir PLR (Packet Loss Rate-Paket Kayıp Oranı) ayrıştırma şeması sunulmuş ve PLR ayrıştırmanın tamponsuz SOPS'de nasıl sağlandığına değinilmiştir. SOPS'deki PLR ayrıştırmada her bir fiberin dalgaboyu-bölmeli çoğullama kullanılarak N dalgaboyu sağladığı durumda F giriş ve çıkış fiberli slotlu tıkanmasız optik paket anahtarı göz önünde bulundurulmuştur. Anahtarın rekabet çözümü için tamponu yoktur. Fakat her bir çıkışta tam-alan dalgaboyu dönüştürücüler kullanır. Bu anahtar yapısı Şekil 2.11'de gösterilmektedir. Önerilen şemanın analitik modeli ileri sürülmüş ve PLR'ler için olan ifadeler birçok sınıflı senaryo için türetilmiştir. Şemanın kullanımı ortalama anahtar verimliliğinde herhangi bir azalmaya neden olmamaktadır. Sonuçlar önerilen şemanın oldukça etkili olduğunu göstermektedir. Birçok servis sınıflı bir senaryodan en iyi-çaba senaryosuna taşıma yapılırken anahtar verimliliğinde bir dezavantaj yoktur.

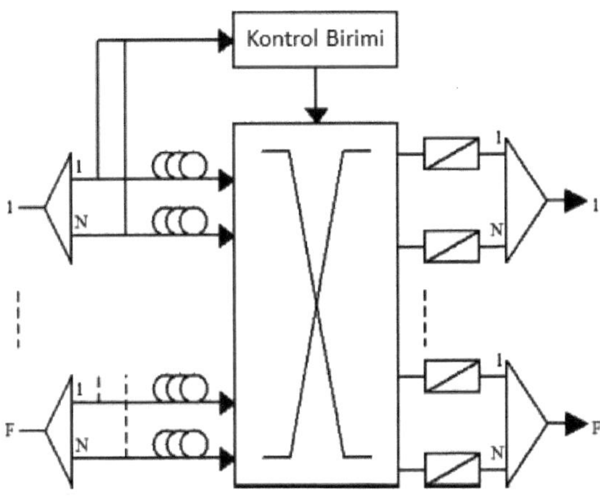

Şekil 2.11: SOPS yapısı [34].

Son zamanlarda İnternet trafiğinin ve çoklu ortam (multimedia) uygulamalarının hızlı bir şekilde büyümesi yüksek hızlı veri iletimi ve anahtarlama ihtiyacının artmasına neden olmaktadır. Tam optik paket anahtarlama bu ihtiyacı karşılamak için gelecek vaat eden bir şemadır. Ancak paketler organize olmamış bir şekilde varabileceğinden tam optik paket anahtarlama çıkış çekişme problemine maruz kalır. FDL ile uygulanan optik tamponlama çıkış çekişme probleminin ana çözümüdür. Optik tamponlamada paketler çıkış çekişmesinden kaçınmak için FDL'lerde tamponlanabilirler. Elektronik anahtarlar için olan RAM tamponlarının aksine optik tamponlama, optik paketleri FDL tamponlarında tutmaz. FDL tamponu sadece paket çekişmesinden kaçınmak için optik paketlere ayrık bir gecikme seti sağlar. Bu nedenle paketleri zamanlamak ve uygun bir şekilde geciktirmek için etkili bir tamponlama yapısına ihtiyaç vardır. Tamponlama yapısı ve ona karşılık gelen zamanlama algoritmaları tam optik paket anahtarlama için en zorlu konulardır. Tipik optik tamponlama yapısı iki kategoriye ayrılmaktadır: ileri besleme (feed-forward) ve geri besleme (feedback) tamponlama. İleri besleme tamponlamada çekişen paket tamponda geciktirilir ve uygun uzunluktaki bir FDL'ye gider. Geri besleme tamponlamada ise geciken paket çıkış portu müsait olana kadar tampona tekrardan girer. Geri besleme tamponlama yapısının zamanlaması basittir ama etkili değildir. Geri besleme tamponlama zamanlaması ise etkilidir ancak geri besleme kontrolü sebebiyle karmaşıktır. Etkili bir karma tamponlama yapısı iki kategorinin yararlarını birleştirebilir. PSB (partially shared buffering-kısmen paylaşılan tamponlama) bu yapıdadır. PSB yapısı her bir çıkışta ileri besleme tamponlama yapısı kullanan bir tamponlama şemasına bağlı olmaktadır ve tüm çıkışlar için ek geri besleme paylaşımlı tampon birleştirmektedir. Klasik çıkış tamponlamadan farklı olarak PSB yapısı geri besleme paylaşımlı tampondan patlamalı trafiği yönetebilmektedir [37].

Jhou ve Lin [37] tarafından yapılan çalışmada yeni bir karma tamponlama yapısı, paketlerin sabit uzunlukta olduğu SOPS için oluşturulmuştur. Bu yapı VFSB (frame based architecture with shared buffers-paylaşılan tamponlu çerçeve tabanlı yapı)'dir. Kontrol karmaşıklığını azaltmak için geniş bellek çerçeveli geri besleme paylaşımlı tampon kullanır ve aynı sayıdaki FDL'lerde tampon derinliğini arttırır. Yapı, ileri besleme çıkış tamponları ve geri besleme paylaşımlı tamponlar arasındaki kontrolü dağıtır. Önerilen bu yapı Şekil 2.12'de gösterilmektedir.

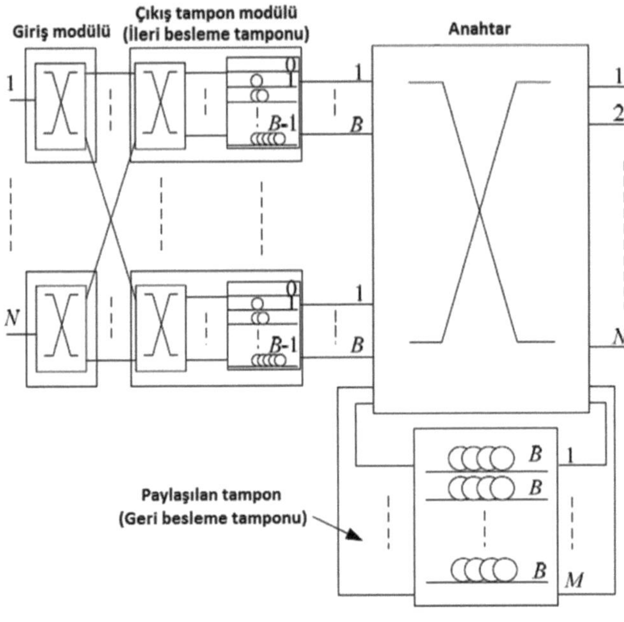

Şekil 2.12: Paylaşılan tamponlu çerçeve-tabanlı yapı [37].

Geniş bellek çerçeveli geri besleme paylaşımlı tampon sırasızlık (out-of-order) problemine neden olmaktadır. Bu sebeple sıralı olan değişken uzunluklu bir çerçeve oluşturmak için ileri besleme çıkış tamponlarının tekrar kullanım tabanlı (reuse-based) bir zamanlama şeması oluşturulmuştur. Geri besleme paylaşımlı tampon, ileri besleme çıkış tamponlarının ardından değişken uzunluklu çerçeveleri kullanabilir. Bu şema etkili bir şekilde sırasızlık probleminden kaçınabilir ve paylaşımlı tampon ve çıkış tamponları arasındaki kontrolü dağıtabilir. Tekrar kullanım tabanlı zamanlama şeması her bir ileri besleme çıkış tamponuna her bir zaman slotu için değişken uzunluklu bir çerçeve üretmesi için izin verir. Bu şema her çıkış portunda her bir zaman slotu için paylaşılan tamponun kontrol karmaşıklığını O(N)'den O(1)'e düşürür. Tekrar kullanım tabanlı zamanlama şeması ileri besleme çıkış tamponlarında paket kaybına sebep olmasına rağmen arttırılan ileri besleme çıkış tamponlarının FDL sayısını katlanarak azaltır. Bu, ileri besleme çıkış tamponlarının düşük paket kayıp olasılığını başarmak için birkaç FDL'ye ihtiyaç duyulduğunu göstermektedir. Simülasyon sonuçları önerilen yapının çeşitli çoğuşma uzunlukları altında paket kayıp olasılığı açısından PSB yapısını daha iyi yapabildiğini göstermektedir. Ayrıca Jhou ve Lin [37] tarafından elde edilen sonuçlar yapının birkaç FDL kullanarak daha yüksek verim elde ettiğini göstermektedir.

Bant genişliği erişim tekniklerindeki araştırmalar giriş anahtarındaki optik paketleri bir OPS ağına iletmek için olan birçok farklı yöntem içermektedir. Bir optik paket temel iletim birimi olarak zaman slotlarının yaygın kullanımından dolayı bazen slot olarak adlandırılır. Bir slot, bir istemci paketi içerebilir veya bir ağda trafik burstiness'ı azaltmak için birçok paketi birleştirir. Var olan iki bant genişliği erişim şeması TTA (Timer-based and Threshold-based Bandwidth Access, Zamanlayıcı-tabanlı ve Eşik-tabanlı Bant Genişliği Erişimi) ve DA (Distributed Bandwidth Access-Dağıtık Bant Genişliği Erişimi)'dır. Optik paket anahtarlamalı ağlarda birçok farklı bant genişliği erişim şeması arasında bir giriş anahtarına optik paketleri sorunsuz bir şekilde iletme konusu dikkate alınmamaktadır. Rahbar ve Yang [38] tarafından yapılan çalışmada birçok parametreli slotlanmış optik paket anahtarlamalı ağlarda düz (even) slot iletimi üzerinde çalışılmıştır ve yöntemler bir giriş anahtarında düz slot iletiminin nasıl olacağına karar vermek için hazırlanmıştır. Desteklenen formül çoklu-dalgaboyu/çoklu-fiber SOPS ağlarında olan farklı bant genişliği erişim şemalarını karşılaştırmak için kullanılmıştır. Bu indeksler DA ve TTA'ya uygulanmıştır ve DA'nın TTA'dan daha iyi iletim indekslerine sahip olduğu gösterilmiştir. Bu nedenle DA, OPS'ye daha düzgün bir erişim sağlamaktadır [3, 38].

Bir giriş anahtarında slotlanmış tam optik paket anahtarlı bir ağa erişmek için olan yaygın yaklaşım TTA bant genişliği erişim şemasıdır. TTA'da paket ayrıştırma (differentiation) bir zaman aşımı mekanizmasıyla sağlanır. Bunun aksine Rahbar ve Yang [39] tarafından yapılan çalışmada bir DiffServ alanı içerisinde slotlanmış tam optik paket anahtarlı bir ağa erişmek için DA önerilmiştir. Her bir torrent (giriş ve çıkış anahtarlarının her bir çifti arasındaki trafik) giriş anahtarında bir çerçeve içerisindeki slotlarda ölçülen bir bant genişliğine verilir. Her bir torrentdeki slotlar çerçeve boyunca ve giriş anahtarının çıkış dalgaboyu/fiberleri arasında aynı oranda dağıtılır. Yaygın olarak en çok kullanılan TTA tekniğiyle kıyaslandığında çalışmadaki DA yaklaşımı şunları başarabilir: her bir trafik torrentinin ağ bant genişliğine daha adil erişimini sağlar; optik ağda slot düşme oranı olasılığını düşürür; çoğuşmalı torrentlerle aşırı bant genişliği tahsisini azaltır; dalgaboyu kanalları üzerinde trafik yükünü daha iyi dengeler ve optik ağa olan trafik üretim oranının trafik servis oranından düşük olduğu servis trafiğine dengeli bir uç anahtar işlemini garanti eder. Ayrıca DA yaklaşımı düzgün trafik iletimi ve yük dengeleme kullanarak ağdaki çakışmayı azaltır. Bu nedenle ağ verimi arttırılabilir. Ek olarak DA, TTA'da gerekli olan iyi bir zaman aşımı değeri seçimi problemini çözmüştür. Çünkü önerilen yapıda servis ayrıştırma sınıf tabanlı paket zamanlama ile sağlanmaktadır. Son olarak slot iletim tamponu yoktur ve torrentlerdeki slotlar doğrudan çıkış kanallarına planlanır [39].

Ağ dayanıklılığı (survivability) bir ağın hata olma durumunda ağ performansının kabul edilebilir seviyede devam ettirilmesi yeteneği olarak tanımlanır. Saf ağ performansı üzerinde ağ dayanıklılığını ölçme optimistik olma eğilimindedir. Çünkü hata olma durumunda ağdaki kaynakların elverişliliğini yok sayar. Diğer bir yandan saf elverişlilik analizi konservatif olma eğilimindedir. Çünkü performans ölçütleri değerlendirilmemektedir. Al-Zahrani [36] çalışmasında slotlanmış çoklu-fiber optik paket anahtarlama ağlarının dayanıklılığını kesin olarak ölçmek için birleşik bir model öne sürmüş ve sistem dayanıklılık performansını hesaplamak için hiyerarşik bir model geliştirmiştir. Çok atlamalı bir ortamda çoklu-fiber OPS ağlarının uçtan uca performansı modellenmiş ve dalgaboyu dönüştürmeli ve dönüştürme olmadan hesaplanmıştır. Bu modeller bir hata olduğunda performans bozulmasını hesaplamak için kullanılmıştır. Performans bozulması modeli ve elverişlilik analiz modeli hiyerarşik bir ağ dayanıklılık hesaplama modeli oluşturmak için birleştirilmiştir. Ağ dayanıklılığı hata süresi ve hatanın ağa etkisini içeren bir birleşik ölçüm olarak tanımlanmıştır.

OPS ağlarının dayanıklılığı sabit durum elverişliliği düştüğü zaman düşer. Bu sonuç yapılan araştırmadaki hipotezi ispatlamaktadır. Bu hipotez optik ağın doğru ölçümü için hata süresi boyunca performans bozulması ve hata süresinde kaynak elverişliliğinin ikisini birden göz önünde bulundurulması gerektiğini söylemektedir. Daha dayanıklı bir optik ağ için yeni bir yaklaşım geliştirilmiştir. Bu yaklaşım düğümler arasında çoklu fiber sağlamaktadır. Fakat bu fiberler aynı fiziksel bağlantı üzerinde değildir ve pasif bağlayıcı gibi davranan bir ara düğüme sahiptir. Al-Zahrani [36] tarafından yapılan çalışma OPS ağlarının bağlantı topoloji seviyelerinde çoklu fiberlerin kullanımın ek ağ kapasitesi sağladığını ve bağlantı hatası durumunda çoklu fiberlerde aynı dalgaboylarının yeniden kullanımıyla ağ dayanıklılığını arttırdığını göstermektedir. Dalgaboyu dönüşümü kullanımı dalgaboyu çekişme sorununu çözerek dayanıklılığı arttırır. Fakat dalgaboyu dönüşümü kullanımı maliyeti, donanım karmaşıklığını ve ağ için gereken yer gereksinimlerini arttırır.

Veri vorteks ağ topolojisi paketlerin dağıtık kendi-yönlendirmesi için 2x2 anahtarlama düğümleri arasındaki pasif saatle asenkron kısıtlamalara dayanmaktadır. İlk olarak paket slot zamanları birçok OPS sisteminde olduğu gibi yönlendirme yolu gecikmeleri tasarımıyla sürdürülür. Bunun nedeni uygun dinamik tamponlama olmamasıdır. İkinci olarak bireysel düğümler bir saat sinyali gerektirmemesine rağmen düğümler arasında yollanan elektronik yön değiştirme sinyalleri doğru zamanlanmak zorundadır. Doğru şekilde yönü değiştirilen bir paket için anahtarlama düğümü yön değiştirme sinyalini doğru zamanda almalıdır. Böylece yönlendirme kararı paket hala o düğüm içerisinde iken verilebilir. Bu gereksinim Şekil 2.13'de görülebilir. Small ve Bergman [40] tarafından yapılan çalışmada veri vorteksinde slot zamanlaması gereksinimlerinin esnekliği deneysel olarak çalışılmış ve bu gereksinimler teorik olarak analiz edilmiştir. Gecikme-duyarlı zaman-slotlu OPS bağlantı anahtarlama yapıları için birkaç genel ölçeklendirme ilişkileri sunulmuştur. Gerçeklenen 12x12 veri vorteks yapısının zamanlama ve gecikme gereksinimleri açısından ölçeklenebilirliği ve dayanıklılığı analiz edilmiştir. Sistem %4'lük optimum slot zamanında yıkıcı olmayan yönlendirme sonuçları ile paket zamanlama çeşitlerine makul tolerans göstermektedir. Zamanlama gereksinimlerinin bu özellikleri büyük ölçekli OPS bağlantı ağlarının tasarım ve gerçeklenmesinde önemlidir [3, 40].

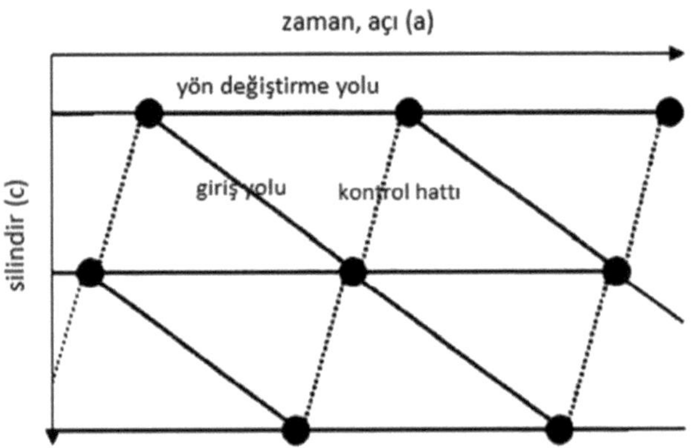

Şekil 2.13: Veri vorteks yön değiştirme sinyal zamanlama gereksiniminin grafiksel gösterimi [40].

OPS ağlarında trafik nitelendirme bir fiberin dalgaboyları boyunca yayılan optik paketlerin belirli yolundan etkilenir. Bu Dağınık Dalgaboyu Yolu (Scattered Wavelength Path-SCWP) ağ kontrolü ile verilir. OPS omurga ağında trafik akışları girişten çıkış düğümüne olan atlamaların sabit sırasını takip etmek için hazırlanır. SCWP işlemsel modu her bir atlamadaki paket iletim dalgaboyunun sabit olmadığını göstermektedir. Bu sebeple bir paket anahtarlama düğümüne ulaştığı zaman onun hedef fiberi paket başlığında tutulan bilgi ile verilir. Fakat paket çıkış dalgaboyu belirsizdir ve dinamik olarak seçilmek zorundadır. Sonuç olarak bir serbestlik (freedom) derecesi paket gecikme ve paket çıkış dalgaboyunda ortak bir karar almada SCWP anahtar zamanlayıcıları için vardır. Bu ortak karar istatistiksel çoğullama etkisini arttırır, daha az gecikme ve tampon ihtiyacı sağlar. Doğası gereği, tampon ihtiyacındaki azalma her bir fiber için daha fazla sayıdaki dalgaboyları Yoğun WDM (Dense WDM -DWDM)'de daha iyidir. Veiga-Gontan ve diğ. [35] tarafından yapılan çalışmada özbenzeş (self-similar) trafik altında çıkış-tamponlu OPS anahtarlama yapısının performans değerlendirmesinden bahsedilmiştir. İlk olarak bir trafik sentezleme yöntemi öne sürülmüştür. Bu yöntem n dalgaboylu bir WDM fiberi ayrık yığın (batch) trafik kaynağı olarak modellemektedir. Ayrıca her bir zaman slotu için n pakete kadar iletim yapabilmektedir. Model, bir fiberde dalgaboylarının çoğullama kullanımı sebebiyle ortaya çıkan trafikte etkileri yakalamayı amaçlamaktadır. Daha zayıf bir trafik her bir fiber için dalgaboyu sayısının daha fazla olduğu ağlarda öngörülür. Düğümlerde bir tamponlama değerlendirmesi farklı trafik ve anahtar yapılandırması için ele alınmıştır. DWDM senaryosundaki sonuçlar bir 10^{-6} PLP (Packet Loss Probability-Paket Kayıp Olasılığı) hedefinin ufak bir tamponlama ile gerçekleştirilebileceğini göstermektedir. Ek olarak çıkış trafik sürecinin özbenzeş parametreleri ağ trafiğinin atlama çeşitliliğini tahmin etmek için hesaplanmıştır. Sonuçlar trafik özbenzeş parametrelerinin çeşitliliğinin açık bir şekilde bağlantıların dalgaboyu sayısına bağlı olduğunu göstermektedir.

Son yıllarda OPS ağlarının birçok yönü üzerinde araştırmalar sürmektedir ve bunlar OPS ağlarının performansının iletim modu ve optik paket formatı gibi belirleyici etkenlere bağlı olduğunu göstermektedir. Eş zamanlı slotlanmış mod MAN ağı özelliklerine daha iyi adapte edilmiştir. Çünkü eş zamanlı olmayan mod ile kıyaslandığında daha yüksek verimlilik üretir. Eido ve diğ. [41] çalışmasında eş zamanlı optoelektronik yapı halka topolojisini kullanmaktadır. Bu yapı Şekil 2.14'de görülmektedir.

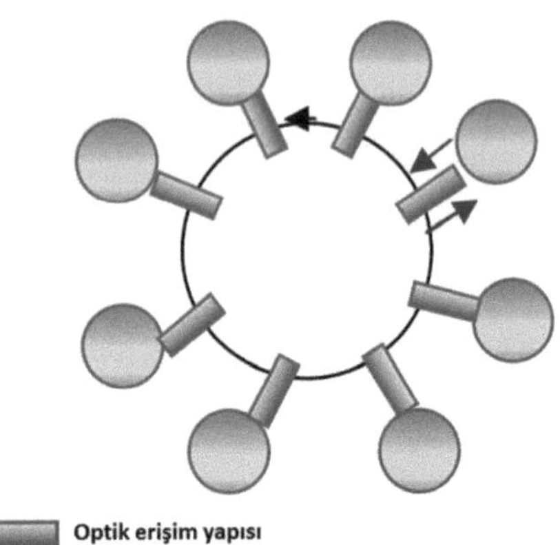

Şekil 2.14: Optik halka topoloji [41].

Her bir halka düğümü halka üzerinde iletilen paketleri alır, düşürür veya araya sokar. Transit trafik ara düğümlere uğramadan geçer. Yani transit trafiğin düğüm elektronik yapıları içerisinde çözülmesine ihtiyaç yoktur. Bir düğüm bir paketin alıcısı olduğu zaman paketi halkadan tamamen kaldırır. Bazı transit paketler ayrıca halka üzerinde tekrardan iletilmeden önce tamamlayıcı işlemeyi algılamak için ara düğümler ile çıkartılırlar. Eido ve diğ. [41] tarafından yapılan çalışmada eş zamanlı slotlanmış optik paket anahtarlama ağlarının erişiminde optik paket oluşturma ve doldurma optimizasyonu üzerinde durulmuştur. Paket formatı için geniş sabit boyutlu optik paketler kullanılmıştır. Her bir optik taşıma kapasitesi optik alanda bir paketi veya aynı hedef ve servis sınıfının bir araya getirilen birçok elektronik istemci paketini taşır. Çalışmada değişken boyut elektronik istemci paketleriyle doldurulan sabit boyutlu optik taşıma kapasitesi oluşturma için optimize edilen bir mekanizma öne sürülmüştür. Bu algoritma GPFO (Graduated Packet Filling Optimization-Derecelendirilmiş Paket Doldurma Optimizasyonu) olarak adlandırılmıştır. Karmaşık parçalara ayırma (segmentation) yöntemi ihtiyacını ortadan kaldırmaktadır. Ayrıca paket kayıp oranı ve ortalama erişim gecikmesi açısından iyi performans sonuçları ve yüksek ağ verimliliği sağlamaktadır. Deneyler halka topolojili bir optik MAN ağında ns simülatörü kullanılarak gerçekleştirilmiştir. Var olan çözümlerle kıyaslandığında sayısal sonuçlar GPFO'nun ağ verimliliğini arttırdığını ve kuyruklama gecikmesi ve bit kayıp oranı açısından genel ağ performansını optimize ettiğini göstermektedir. Dış (extern) GPFO algoritmasının kullanımı, zamanlayıcı değerinden bağımsız olarak ve karmaşık parçalara ayırma mekanizması için yer olmadan, ağ sunulan yükünün 0.75 değerine kadar iyi ağ performansını garanti eder [41].

OTDM (Optical Time Division Multiplexing-Optik Zaman Bölmeli Çoğullama)'ye bağlı olan OPS ağlarında paketler çoğunlukla slotlanmıştır. Yerel düğüm yüksek hızlı veri yoluna (bus) erişimden önce sıkıştırılan ve kaplanan düşük hızdaki veri akışını oluşturur. Kaplanan paketler hedefe ulaştığında düşük hızlı veri akışı için açılırlar. Paket anahtarı bu tip OPS ağlarında en önemli bileşenlerden biridir. Anahtarlama penceresinin genişliği büyük ve geçiş zamanının küçük olması gerektiğinde paket anahtarının tekrarlama oranı yavaş olabilir. Liangsheng [42] tarafından yapılan çalışmada tarama jeneratör (comb generator) ve elektro-soğurma modülatör (electro-absorption modulator) kombinasyonlu optik paket üretmek için yeni bir paket anahtarı ileri sürülmüştür. EAM (electric absorption modulator-elektrik soğurma modülatörü) paket anahtarı olarak uygulanabilir. Çünkü EAM'ın geçiş zamanı geniş anahtarlama penceresi için bile küçüktür. Aslında EAM uygulanan elektrik sinyaliyle esnek olarak kontrol edilebilen bir optik anahtardır. Çalışmada OTDM'ye bağlı olan optik paket anahtarlama ağı için yeni bir paket anahtarı yapısı sunulmuştur. Teorik ve deneysel sonuçlar yöntemin uygulanabilir olduğunu göstermektedir. Teorik sonuçlar ayrıca son çıkış optik darbesinin (pulse) sönümlenme oranının (extinction ratio) 18dB'den düşük olamayacağını belirtmektedir.

Metro ağları yeni uygulamaların sürekli artan bant genişliği ihtiyacını ve uygulamalar için farklı QoS seviyeleri karşılamak için daha fazla kapasite sağlamalıdır. OPS yüksek trafik dinamiği sayesinde ağ kaynaklarını etkili bir şekilde kullanmada metro ağları için arzu edilmektedir. Ayrıca SOPS, slotlanmamış OPS'den daha düşük trafik rekabetine neden olmaktadır ve bant genişliği kullanımını arttırabilir. Bunu gerçekleştirmek için çok fazla çabaya ihtiyaç vardır. Gelecek nesil metro ağı büyük ihtimalle yüksek kapasiteli, yetenekli (agile) tam optik ağlara bağlı olacaktır. Rahbar ve Yang [43] tamponsuz tam optik çekirdek anahtarlarından oluşan bir metro ağı yapısı düşünmüştür. Burada uç anahtarlar, kaplı (over-laid) yıldız topolojide her bir çekirdek anahtarına bağlıdır. Bu gibi bir ağda kaynak paylaşma şemalarının olası adaylarının tasarlanması ve performanslarının hesaplanması istenmiştir. Optik paketlerin hedeflerine teslim edilmesi garanti edilmektedir. İlk şema rezervasyon tabanlıdır. Kararlar her bir çekirdek anahtarda alınır. Böylece rezervasyonlar boyunca çakışmalardan kaçınılır. Bu şema için yıldız OPS'de asimetrik çoklu-fiber/çoklu-dalgaboyu özelliğini sağlamak için BvN (Birkhoff von Neumann) zamanlama algoritması tekrardan tasarlanmıştır. İkinci şemada dağıtık ve bağımsız kararlar uç anahtarlarda alınır. Fakat optik alandaki çekirdek anahtarlarda düşen trafiğin tekrardan iletilmesi gerekmektedir. Bu iki şemanın iyi özelliklerini birleştiren karma bir üçüncü şema uygulanmıştır. Sonrasında uç anahtarlarda gecikme ve kayıp olasılıkları gibi çeşitli QoS ölçümleri ile kaynak paylaşma şemalarının performansları nitelendirilmiş ve hesaplanmıştır.

Rahbar ve Yang [43] tarafından yapılan çalışmada CTDM (Centralized Time Division Multiplexing-Merkezi Zaman Bölmeli Çoğullama), DTDM (Distributed Time Division Multiplexing-Dağıtık Zaman Bölmeli Çoğullama), HTDM (Hybrid Time Division Multiplexing-Karma Zaman Bölmeli Çoğullama) teknikleri iletimin garanti edildiği bir ağda kaplı yıldız topolojisine bağlı olan çoklu-fiber/çoklu-dalgaboyu slotlanmış tam optik OPS ağları içerisinde kayıpsız bant genişliği erişimi sağlamak için öne sürülmüş ve değerlendirilmiştir. Çerçeveleme ve zaman slotlamaya bağlı olan ortak bir çoğullama şeması kullanılmıştır. Ek olarak bağlantı kapasitesini arttırmak için fiber ve dalgaboyu alanlarının ikisi birden kullanılmıştır. Rezervasyon tabanlı CTDM için asimetrik çoklu-fiber/çoklu-dalgaboyu yıldız OPS ağları için BvN zamanlaması değiştirilmiştir. DTDM için rekabet tabanlı bir bant genişliği erişim şeması optik alanda kayıpsız bir OPS sağlamak için tekrardan iletim ile birleştirilmiştir. Trafik, günlük insan aktivitesini temsil eden periyodik model ile ayarlanan uzun dönemli bağımlı bir süreç olarak modellenmiştir. Farklı trafik durumlarındaki değerlendirmelere göre DTDM düşük trafik yükünde daha iyi performans sonuçlarına sahiptir. Fakat çarpışmalar (collisions) iletimlerin yüksek yüklerde tekrardan yapılması gerektiği anlamına gelmektedir. Diğer bir yandan CTDM yüksek trafik yükünde daha iyi sonuçlara sahiptir. Ancak uç anahtarlarda yüksek paket bekleme zamanına yol açmaktadır. Çalışmada OPS'nin ağ kullanımına ve trafik yük ölçütüne bağlı olarak DTDM ve CTDM arasında değişim yaptığı karma bir yaklaşım olan HTDM tasarımı ile ağ performansı arttırılmıştır. HTDM altında, OPS düşük trafik yükünde DTDM altında çalışır. Yüksek trafik yükünde ise CTDM altında çalışır. HTDM, DTDM ve CTDM'nin olumlu yönleri birleştirerek ağ performansını arttırır. Daha fazla çekişme çözüm tekniği kullanan bir ağdaki HTDM daha iyi sonuçlar destekleyemez. Çünkü DTDM bu gibi bir durumda daha iyi performans gösterir. Fakat daha az sayıda çekişme çözüm tekniği kullanıldığında HTDM, DTDM ve CTDM'den daha üstündür. Bunun nedeni HTDM'nin düşük ve yüksek trafik yükünde çoğu zaman daha iyi performans vermesidir.

Anahtarlama fonksiyonunu elektronik alandan optik alana taşıma optik-elektronik-optik dönüşüm dar boğazını (bottleneck) çözmek için yardımcı olabilir. Tüm optik paket anahtarlama optik katman işlemleriyle birçok katman iki ve katman üç fonksiyonları sunmaktadır. Optik paket anahtarlamalı bir ağda iki veya daha fazla paket aynı anda aynı portun aynı dalgaboyunu işgal etmeye çalıştığı zaman anahtarlama düğümünde çekişme oluşur. Diğerleri arasındaki çekişme paket kaybının ana nedenidir. Optik rastgele erişim belleği olmaması sebebiyle rekabet dalgaboyu dönüştürücü, optik tamponlama ya da yön değiştirme ile çözülmek zorundadır. Yao ve diğ. [44] tarafından yapılan simülasyon çalışmasında slotlanmış ve slotlanmamış ağlar arasında öncelik-tabanlı yönlendirme ile paket kayıp oranı karşılaştırması yapılmıştır. Üç öncelik sınıfı vardır. Bunlar sınıf 3'ün en yüksek olduğu sınıf 3, 2 ve 1'dir. Bu sınıflar arasındaki trafik dağılımı sınıf 3 için %10, sınıf 2 için %30 ve sınıf

1 için %60'dır. Belirli bir topolojide her bir düğüm için dört fiber gecikme hattı verici yükünün 0.3'den az olması durumunda üç öncelik sınıfı için paket kayıp oranını 0.01'in altında sağlamaktadır. Sonuçlar slotlanmış ağda gerekli olan karmaşık paket parçalama, tekrar toplama ve senkronizasyon aşamalarından kaçınmanın mümkün olduğunu göstermektedir ve ağ performansından ödün vermeden değişken paket boyutu sağlanmaktadır. Ayrıca paket önceliklerini sınıflandırarak ağda ayırt edilen servis sınıfı sunulabilmektedir.

Xue ve diğ. [45] tarafından yapılan çalışma TWIN (Time Domain Wavelength Interleaved Network-Zaman Alanı Dalgaboyu Aralıklı Ağ) olarak adlandırılan slotlu optik ağlarda zamanlama problemini ele almaktadır. TWIN mimarisi gelecek nesil optik ağları için çözüm sunabilecek ilginç özelliklere sahiptir. Ek olarak daha iyi QoS TWIN'de kuyruklama gecikmesi (queueing delay) ve gecikme değişimi (delay variance) parametreleri minimize edilerek başarılabilir. Fakat TWIN'de var olan zamanlama algoritmalarının çoğu QoS değerlendirmesi yok saymıştır ve ağırlıklı olarak verimi maksimuma çıkarmaya odaklanmıştır. Çalışmada zamanlama problemi, ILP (Integer Linear Programming-Tamsayı Doğrusal Programlama) problemine formüle edilmiş ve onu hızlı ve etkili bir şekilde çözmek için yeni bir keşifsel DSS (Destination Slot Set-Hedef Slot Seti) algoritması sunulmuştur. Ek olarak, TWIN için bir analitik model türetilmiş ve simülasyon verileriyle analitik değerler karşılaştırılmıştır. Giriş yükü doygunluk giriş yükünden küçük olduğunda analitik değerler simülasyon sonuçlarını oldukça iyi bir şekilde takip etmektedir. Dahası simülasyonlar DSS'nin var olan yığın (batch) zamanlama algoritmasından çok daha küçük kuyruklama gecikmesine ve gecikme değişimine neden olduğunu göstermektedir. Bu TWIN'de daha küçük uçtan uca gecikme ve gecikme sapmasını (jitter) garanti eder ve daha iyi QoS kazanılmış olur. Son olarak DSS verimi maksimuma çıkartırken de daha düşük hesaplama karmaşıklığına sahiptir.

İnce bant genişliği tanecikliliği başarmak için tam optik bir yaklaşım her bir dalgaboyu kanalı üzerinde bölmeli çoğullama düşük kapasite devrelerini zamanlamak ve ağ içerisinde zaman-dalgaboyu slotlarını optik olarak anahtarlamak içindir. Literatürde öne sürülen zaman-slotlu ağlardan biri TWIN'dir. TWIN yeniden yapılandırılamaz çekirdek (non-reconfigurable core) ve hızlı anahtarlama gerçekleştirmek için hızlı ayarlanabilir bir lazerden faydalanan akıllı ucu kullanarak ağ içerisinde slot anahtarlamayı eler. TWIN'in aksine TWSN (Time Wavelength Switched Network-Zaman Dalgaboyu Anahtarlı Ağ) ağ içerisinde slot anahtarlamayı bünyesinde barındıran optik zaman slotlu bir ağdır. TWSN'de TWSR (Time Wavelength Space Routers-Zaman Dalgaboyu Alan Yönlendiricileri)'ler bir zaman slotu temeli üzerinde yönlendirme modellerini değiştirmek için yapılandırılırlar. TWIN ağı, ağda her bir düğüme eşsiz (unique) bir dalgaboyu atar ve bu sebeple N-düğümlü bir ağ için W = N dalgaboyu gerektirir. Bazı TWIN ağları sınırlandırılmamış (unconstrained) TWIN ağı olarak tanımlanır [46].

Gadkar ve Subramaniam [46] tarafından yapılan çalışmada ilk olarak sınırlandırılmamış TWIN ve TWSN ağlarının ikisi için bir statik trafik matrisi zamanlama problemini çözmek için ILP ve keşifsel bir algoritma sağlanmıştır. Ayrıca dinamik bir trafik senaryosu altında bunların performansları kıyaslanmıştır. Sonuçlar yeniden yapılandırılamaz çekirdek (TWIN) ve yeniden yapılandırılabilir çekirdek (TWSN) arasındaki dalgaboyu sayısı ve anahtarlamadaki değiş tokuşu göstermektedir. Ayrıca bu ağlar dalgaboyu kısıtlamaları olduğunda karşılaştırılmıştır. Bu maksatla tek bir sabit alıcı atayan TWIN ağı ve her bir düğüm için ayarlanabilir iletici düşünülmüştür. Çoklu gönderim (multicasting) stratejisi kullanılarak düğümlere dalgaboyları atama problemi irdelenmiştir. İki tip TWIN ağı göz önünde bulundurulmuştur. Bunlar uç düğümlerde anahtarlama yeteneği olan TWIN ağı (TWIN-ES) ve anahtarlama yeteneği olmayan TWIN ağıdır (TWIN-NS). Tasarım problemi ağ kullanımını maksimuma çıkaracak şekilde dalgaboylarını düğümlere atayan bir tamsayı doğrusal programı TWA ILP (Tree Wavelenght Assignment

Integer Linear Program-Ağaç Dalgaboyu Atama Tamsayı Doğrusal Programı) olarak formülleştirilmiştir. Ek olarak bu sınırlandırılmış ağlarda zamanlama problemini çözmek için bir ILP sunulmuştur. Genel olarak sonuçlar TWIN'e sahip olma açısından TWSN'ye sahip olmanın yararlarını göstermektedir. Keşifsel algoritma (sınırlandırılmamış TWIN'de statik trafiği zamanlama) ILP kadar iyi performans vermektedir. Sınırlandırılmamış TWIN ve TWSN ağları aynı bloklama performansına sahiptir. TWIN dalgaboyuna atanan hedef düğümü üzerindeki bir çerçevede uygun slot bulamazsa bağlantıyı bloklar. TWSN'de herhangi bir dalgaboyu üzerinde bağlantı iletiminin esnekliği vardır. Bu durumda seçilen dalgaboyunda boş slot yok ise bağlantı düşürülür. TWIN modelinin performansı her bir düğüme tek bir alıcı atamasıyla belirlenir. TWA rastgele dalgaboyu atama şemasından önemli derecede daha iyi performans gösterir. TWSN düşük yüklerde büyüklük derecesine göre TWIN-NS'den daha iyi performans vermektedir. TWIN-NS dalgaboyu slotlarını etkili bir şekilde kullanamamaktadır. Bu nedenle TWIN-ES ve TWSN ağlarıyla kıyaslandığında daha kötü performans göstermektedir. TWSN ağı dalgaboyu sayısının 11'den küçük olduğu durumlarda TWIN-ES'den önemli derecede daha iyi performans göstermektedir. Fakat dalgaboyu sayısının 11'e eşit veya 11'den büyük değerleri için iki ağ da aynı performansa sahiptir. TWSN düşük yüklerde büyüklük derecesine göre TWIN-ES yapısından daha iyi performans vermektedir. Ek olarak TWIN-NS TWIN-ES'den daha kötü performans göstermiştir. Ayrıca TWSN düşük yüklerde TWIN yapısından önemli derecede daha iyi performans ortaya koymaktadır [46].

Chaitou ve diğ. [47] tarafından yapılan çalışmada birçok QoS gereksinimli slotlanmış bir optik WDM katmanı içerisinde IP paketlerini etkili bir şekilde desteklemek için yeni bir yaklaşım sunulmuş ve analiz edilmiştir. Bu yaklaşım iki ana özelliğe dayanmaktadır. İlk olarak birleştirme çevrimi (aggregation cycle) sabit zaman aralıklarında birçok IP paketinin sabit boyutlu tek bir makro paketi içerisinde bir araya getirilmesiyle gerçekleştirilir. İkinci olarak IP paketleri değişken boyutlu olduğundan dolayı bir IP paketi birleşmiş pakette kalan boşluğa yerleşemiyorsa birleştirme süreci o IP paketinin parçalara ayrılmasına izin verebilir ya da vermeyebilir. Çalışmadaki önerinin anahtar öğesi etkili bir QoS destek erişimi mekanizmasıdır. Yeni QoS kontrolü bir döngü içerisinde her zaman en yüksek öncelikli sınıf ile birleştirme çevrimini başlatarak birleştirmeyi gerçekleştirir. Eğer birleşmiş paket daha fazla IP paketi yerleştiremiyorsa ya da en düşük öncelik sınıfına erişilmişse birleştirme çevrimi sonlanır. Parçalara ayırma ve ayırmasız birleştirme tekniğinin etkinliğini hesaplamak için iki analitik model öne sürülmüştür. Bunun yanı sıra üçüncü bir analitik model standart durumu (birleştirmenin olmadığı durum) analiz etmek için sunulmuş ve bu üç model arasında karşılaştırma yapılmıştır. Birleştirme modelleri simülasyonlar ile doğrulanmıştır ve benzerlik analizi yapılmıştır. Yaklaşımın uygulaması SDBORN'de gerçekleştirilmiştir. Yüksek bant genişliği etkinliği sağlanmıştır. Ayrıca sadece erişim arayüzündeki (IP alanı) iki QoS sınıfı (gerçek zamanlı ve gerçek zamanlı olmayan sınıflar) gerçek zamanlı trafiğin katı gecikme gereksinimlerini gerçekleştirmek için yeterlidir. Tablo 2.3'de literatürde SOPS ile ilgili yapılan çalışmalardan bazıları özetlenmektedir.

Tablo 2.3: SOPS ile ilgili yapılan çalışmalar.

Yayın İsmi	*Yazar*	*Yıl*	*Yöntem*	*Sonuç*
A comparison study between slotted and unslotted all-optical packet-switched network with priority-based routing	Yao ve diğ.	2001	Slotlanmış ve slotlanmamış ağlar arasında öncelik-tabanlı yönlendirme ile paket kayıp oranı karşılaştırması yapılmıştır.	Sonuçlara bakılarak slotlanmış ağda gerekli olan karmaşık paket parçalama, tekrar toplama ve senkronizasyon aşamalarından kaçınmanın mümkün olduğu söylenmektedir.

Yayın İsmi	*Yazar*	*Yıl*	*Yöntem*	*Sonuç*
Packet Loss Rate Differentiation in Slotted Optical Packet Switched Networks	Overby	2005	SOPS ağları için uygun olan bir PLR ayrıştırma şeması sunulmuş ve PLR ayrıştırmanın tamponsuz SOPS'de nasıl sağlandığına değinilmiştir.	Sonuçlara göre şemanın kullanımının ortalama anahtar verimliliğinde herhangi bir azalmaya neden olmadığı ve oldukça etkili olduğu söylenmektedir.
Slot Timing Considerations in Optical Packet Switching Networks	Small ve Bergman	2005	Veri vorteksinde slot zamanlaması gereksinimlerinin esnekliği deneysel olarak çalışılmış ve bu gereksinimler teorik olarak analiz edilmiştir.	Sistem slot zamanında yıkıcı olmayan yönlendirme sonuçları ile paket zamanlama çeşitlerine makul tolerans göstermektedir.
Performance analysis of a novel traffic scheduling algorithm in slotted optical networks	Xue ve diğ.	2007	TWIN olarak adlandırılan slotlu optik ağlarda zamanlama problemi ele alınmıştır.	Geliştirilen algoritmanın TWIN'de daha küçük uçtan uca gecikme ve gecikme sapmasını (jitter) neden olduğu gözlemlenmektedir.
Performance evaluation of slotted OPS switching fabrics under self-similar traffic	Veiga-Gontan ve diğ.	2008	Özbenzeş trafik altında çıkış-tamponlu OPS anahtarlama yapısının performans değerlendirmesinden bahsedilmiştir.	Sonuçlar trafik özbenzeş parametrelerinin çeşitliliğinin açık bir şekilde bağlantıların dalgaboyu sayısına bağlı olduğunu göstermektedir.
Hierarchical Survivability Model for Slotted All-Optical Packet Switching Networks	Al-Zahrani	2008	SOPS ağlarının dayanıklılığını kesin olarak ölçmek için birleşik bir model öne sürülmüş ve sistem dayanıklılık performansını hesaplamak için hiyerarşik bir model geliştirilmiştir.	Sonuçlara göre OPS ağlarının topoloji bağlantılarında çoklu fiberlerin kullanılması ağ kapasitesini ve bağlantı kopması durumlarında ağ dayanıklılığını arttırır.

Yayın İsmi	*Yazar*	*Yıl*	*Yöntem*	*Sonuç*
Even Slot-Transmission in Slotted OPS Networks	Rahbar ve Yang	2008	Çok parametreli SOPS ağlarda düz (even) slot iletimi üzerinde çalışılmıştır ve yöntemler bir giriş anahtarında düz slot iletiminin nasıl olacağına karar vermek için hazırlanmıştır.	Sonuçlara göre DA'nın TTA'dan daha iyi iletime sahip olduğu söylenmektedir. Bu nedenle DA'nın, OPS'ye daha düzgün bir erişim sağladığı düşünülmektedir.
Packet Filling Optimization in Multiservice Slotted Optical Packet Switching MAN Networks	Eido ve diğ.	2008	Eş zamanlı slotlanmış optik paket anahtarlama ağlarının erişiminde optik paket oluşturma ve doldurma optimizasyonu üzerinde durulmuştur.	Çalışmadaki algoritmanın bant genişliği kullanımını ve ağın genel performansını arttırdığı söylenmektedir.
A Frame-based Architecture with Shared Buffers for Slotted Optical Packet Switching	Jhou ve Lin	2009	Yeni bir karma tamponlama yapısı, paketlerin sabit uzunlukta olduğu SOPS için oluşturulmuştur.	Sonuçlar yapının birkaç FDL kullanarak daha yüksek verim elde ettiğini göstermektedir.
Distribution-based bandwidth access scheme in slotted all-optical packet-switched networks	Rahbar ve Yang	2009	Bir DiffServ alanı içerisinde slotlanmış tam optik paket anahtarlı bir ağa erişmek için DA önerilmiştir.	Sonuçlara göre şema kararlı bir uç anahtar işlemi ve torrentler için eşitlik sağlar. Ayrıca şemanın ağlardaki çakışmaları azalttığı söylenmektedir.

Yayın İsmi	*Yazar*	*Yıl*	*Yöntem*	*Sonuç*
Agile bandwidth management techniques in slotted all-optical packet switched networks	Rahbar ve Yang	2010	CTDM, DTDM, HTDM teknikleri iletimin garanti edildiği bir ağda yıldız topolojisine bağlı olan çoklu-fiber/çoklu-dalgaboyu slotlanmış tam optik OPS ağları içerisinde kayıpsız bant genişliği erişimi sağlamak için öne sürülmüş ve değerlendirilmiştir.	CTDM, DTDM, HTDM tekniklerinin trafik yoğunluklarına göre performansları değerlendirilmiştir.
Wavelength-reuse in optical time-slotted networks	Gadkar ve Subramaniam	2010	Sınırlandırılmamış TWIN ve TWSN ağlarının ikisi için bir statik trafik matrisi zamanlama problemini çözmek için ILP ve keşifsel bir algoritma sağlanmıştır.	Sonuçlar TWIN'e sahip olma açısından TWSN'ye sahip olmanın yararlarını göstermektedir. Keşifsel algoritmanın (sınırlandırılmamış TWIN'de statik trafiği zamanlama) ILP kadar iyi performans verdiği söylenmektedir.

3. MALZEME VE YÖNTEM

3.1. KARŞILAŞTIRMA İÇİN KULLANILAN SOBS YÖNTEMİ

SOBS'de çoğuşma uzunluğu sabittir. Yönlendiriciler senkronizedirler ve sadece zaman slotlarının başında çoğuşmaları yollarlar. SOBS'nin kullanılması için birçok neden vardır. İlk neden kaybı düşürmek için çoğuşmaların aynı uzunlukta olması gerektiğidir. Çoğuşmalar sadece diğer çoğuşmalarla üst üste geldiği zaman düşerler. Bu sebeple daha uzun çoğuşmalarla kıyaslanıldığında kısa çoğuşmaların düşme ihtimali daha azdır. İkinci neden ise kaybı düşürmek için çoğuşmaların alınmasının ve gönderilmesinin senkronize olması gerektiğidir. Eğer uç yönlendiriciler çoğuşmaları rastgele zamanlarda yollarlarsa çoğuşmalar çekirdek yönlendiricilere rastgele zamanlarda ulaşırlar. Bu çoğuşmaların üst üste gelme zamanı kontrol edilemediğinden yüksek çoğuşma kaybına yol açabilir. Diğer önemli neden ise sıraya koymayı desteklemek için olan bağlantı kullanımını arttırmaktır. Eğer çoğuşma rastgele zamanlarda ulaşırsa iki ardışık çoğuşma arasındaki boşluk da rastgeledir ve bazı durumlarda kullanılamamaktadır. Buna karşılık eğer tüm çoğuşmalar aynı uzunluktaysa ve sıralanmışlarsa iki çoğuşma arasındaki boşluk bir çoğuşmayı taşıyabilecek uzunlukta olmak zorundadır [3, 4].

OBS; çekirdek yönlendiricilerde tampon olmaması sebebiyle yüksek kayıp oranına sahiptir. Bu sebeple optik tampon kullanmadan kaybı düşürebilecek yöntemler üzerinde çalışılmaktadır. SOBS bu çalışmalardan biridir. SOBS'nin paket kayıp olasılığını önemli derecede azalttığı görülmektedir. SOBS'nin kayıp oranı slotlu olmayan OBS'ye göre çok azdır. Ayrıca SOBS çok az bir maliyet ile ya da hiçbir ek maliyet gerektirmeden uygulanabilmektedir. SOBS'de kontrol çoğuşmaları daha kısa ve basittir. Çünkü kontrol çoğuşmasının veri çoğuşmasının uzunluk bilgisini veya varış zamanını taşımasına gerek yoktur. Daha kısa kontrol çoğuşması kullanımı kontrol çoğuşma çarpışması olasılığını azaltacaktır ve ağın güvenilirliğini arttıracaktır [3, 4].

SOBS'nin gerçeklenmesi slotlu olmayan OBS'den çok farklı değildir. Çekirdek yönlendiricilerde geliş zamanlarını senkronize etmek için ilk temel gereksinim her bir hattın gecikmesinin bir zaman slotunun katı olması gerektiğidir. Bunu gerçekleştirmek için Şekil 3.1'de gösterildiği gibi her bir hattın sonuna uygun uzunlukta FDL'ler eklenir. Bu örnekte 9.7 uzunluğundaki bir hattın sonuna 0.3 uzunluğunda bir FDL eklenmiştir. Böylece hat uzunluğu çoğuşma uzunluğunun katı olan 10 olmuştur.

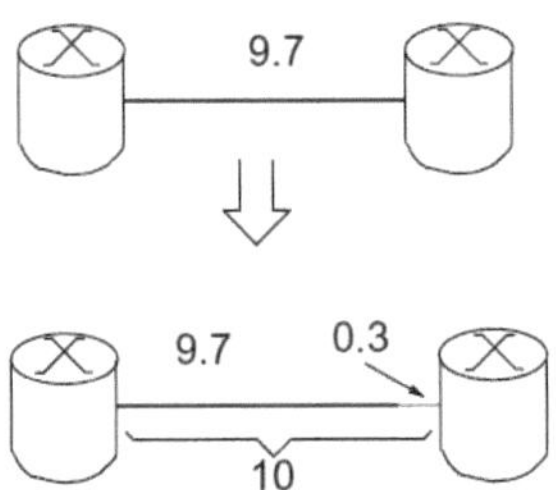

Şekil 3.1: SOBS'de hattın sonuna FDL ekleme [4].

FDL uzunlukları kısadır. Çünkü bir zaman slotundan büyük bir gecikme ihtiyacı olmamaktadır. Ayrıca toplam FDL sayısı da azdır. Bunun sebebi her bir hat için sadece bir FDL gerekli olmasıdır. SOBS'de eklenen FDL'lerden sadece veri çoğuşmaları geçer. Kontrol çoğuşmaları ayrı bir dalgaboyunda modüle edilir ve doğrudan çekirdek yönlendiriciye yollanır. Bu durumda farklı dalgaboylarının iletim hızları arasındaki farklılıklar ihmal edilemezdir. Çoğullama çözümünden (demultiplexing) sonra her dalgaboyu üzerindeki sinyaller uygun uzunluktaki farklı FDL'lere gönderilebilirler. Bu yapıyı pratik hale getirmek için FDL'lerin fiziksel boyutu önemli derecede küçüktür. Örneğin optik iletici ve alıcıların yüksek hızında zaman slotu çok kısa olmalıdır ve 10 μs'den daha uzun olmamalıdır. Aslında eğer her bir dalgaboyu 10 Gbit/s'de çalışabiliyorsa 12500 byte uzunluklu bir çoğuşmanın iletilmesi için sadece 10 µs'ye ihtiyacı vardır. SOBS'nin gerçeklenmesi için gerekli olan diğer bir durum tüm yönlendiricilerin senkronize olmasıdır. Hat gecikmelerinin bir zaman slotunun katlarında birikmediği ideal durum, bir veri çoğuşması zaman slotunun başında alındığında zamanın ayarlanmasıyla gerçekleştirilir [4].

SOBS'nin belirgin diğer bir özelliği de kontrol ve veri çoğuşmalarının bir düğümden her zaman aynı anda ayrılmasıdır. Slotlu veya slotlu olmayan herhangi bir OBS ağının temel gereksinimi kontrol çoğuşmasının bir düğüme veri çoğuşmasından önce ulaşması gerektiğidir. Böylece düğüm kontrol çoğuşması ile taşınan bilgiye göre anahtarı yapılandırabilir ve veri çoğuşmasının doğrudan diğer düğümlere geçmesine izin verebilir. SOBS'de tüm düğümler kontrol ve veri çoğuşmalarını aynı anda gönderebilirler. Kontrol çoğuşması düğüm tarafından önce alınır. Çünkü kontrol çoğuşması hattın sonundaki ek FDL'den geçmek zorunda değildir. Örneğin, 0 zamanında veri ve kontrol çoğuşmasının yollandığını varsayalım. Eğer hattın fiziksel gecikmesi 2.6 zaman slotuysa veri çoğuşması FDL'de 0.4 zaman slotu gecikmesine uğrar ve alıcıya 3.0 zamanında varır. Kontrol çoğuşması elektronik sinyale dönüştürülür ve 2.6 zamanında işlenir. Bu demektir ki düğüm, zamanlama algoritmasını çalıştırmak ve anahtarı ayarlamak için 0.4 zaman slotuna sahiptir. Veri çoğuşması ulaştığında anahtar ayarlanmış ve doğrudan istenen çıkış fiberine yönlendirilmiş olacaktır. Aynı anda kontrol çoğuşması tekrardan optik sinyale dönüştürülür ve tekrardan yollanır. Böylelikle veri çoğuşması tekrardan sıraya koyulur. Yani veri ve kontrol çoğuşmasının ikisi birden bu alıcıdan 3.0 zamanında yollanır [4].

3.1.1. SOBS Yönteminin Teorik ve Algoritmik Analizi

Bu tez çalışmasında SOBS ve SOPS tekniklerinin karşılaştırmalı performans analizi yapılırken matematiksel modellerden yararlanılmıştır. Kıyaslama yaparken matematiksel model kullanımı simülasyonda doğru değerlerin belirlenmesinde oldukça faydalıdır.

Çalışmada SOBS'de tek bir anahtardaki giriş/çıkış fiber sayısı N, her bir fiber için olan dalgaboyu sayısı ise k olarak ifade edilmiştir. SOBS'nin kayıp olasılığı hesaplanırken trafik bağımsız (independent) ve tek tip (uniform) olarak düşünülmüştür. Yani SOBS'de bir zaman slotunda bir giriş dalgaboyuna gelen bir çoğuşmanın olasılığı olan ρ $(0 \leq \rho \leq 1)$, diğer dalgaboyu kanallarından bağımsızdır ve her bir çoğuşma N çıkış fiberi arasında bağımsız rastgele hedeflere sahiptir. Bu sebeple bir zaman slotunda belirli bir çıkış fiberine yönlendirilmiş çoğuşma sayısı binom dağılımını (binomial distribution) takip eder ve beklenen ortalama çoğuşma kayıp olasılığı (3.1)'deki gibi formüle edilir [4].

$$P_{ort} = \sum_{m=k+1}^{Nk} \frac{m-k}{m} \binom{Nk}{m} \left(\frac{\rho}{N}\right)^m \left(1 - \frac{\rho}{N}\right)^{Nk-m} \tag{3.1}$$

Tek anahtarlı senaryo ile kıyaslandığında, yönlendirmenin ele alınması gerektiğinden çoğuşma kayıp modelli bir senaryo oluşturma daha zordur. Fakat çoğuşmanın bir yol boyunca gittiği basitleştirilmiş durumu düşünmek yararlıdır. Eğer tek bir anahtardaki ortalama çoğuşma kayıp olasılığı p_{ort} olursa bir çoğuşmanın m-atlamalı bir yol boyunca başarılı bir şekilde gönderilme olasılığı $(1 - p_{ort})^m$ olur. Böylece buna karşılık gelen m-atlamalı kayıp olasılığı (3.2)'deki gibi olur [4].

$$P(m) = 1 - (1 - p_{ort})^m \tag{3.2}$$

(3.2)'deki formülün elde edilmesi Jackson teoremine dayanmaktadır. Bu teoreme göre bir çoğuşmanın m-atlamalı bir yol boyunca başarılı bir şekilde gönderilme olasılığı hesaplanırken her bir düğüm ayrı olarak değerlendirilir [48].

Şekil 3.2'de SOBS'de tek bir düğümdeki çoğuşma kayıp oranı hesaplama diyagramı gösterilmektedir. Diyagramda görüldüğü üzere hedef çıkış fiberine gelen çoğuşma sayısı her bir fiber için olan dalgaboyu sayısından büyükse çekişme oluşur, $m - k$ çoğuşma düşer ve k sayıda çoğuşma iletilir. Daha sonra çoğuşma kayıp oranı hesaplanır. Eğer hedef çıkış fiberine gelen çoğuşma sayısı her bir fiber için olan dalgaboyu sayısına eşit veya küçükse çoğuşmalar çekişme olmadan diğer düğümlere yollanır.

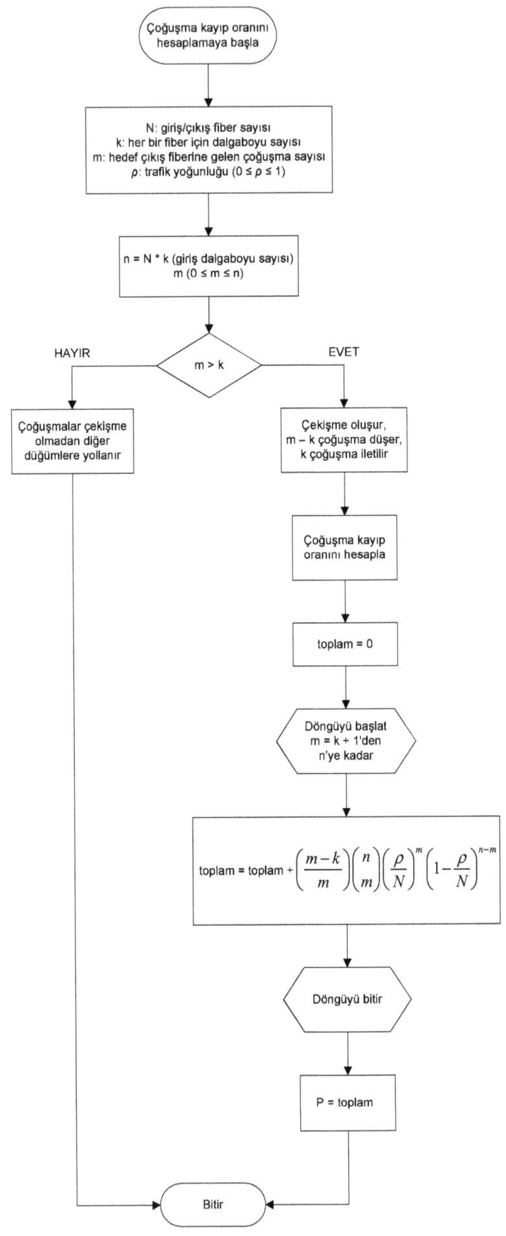

Şekil 3.2: SOBS'de çoğuşma kayıp oranı hesaplama diyagramı.

Bu tez çalışmasında kayıp oranına ek olarak yapılan simülasyonlarda SOBS yönteminin farklı topolojiler üzerindeki hizmet erişim gecikme süreleri (access delay) ve uçtan uca gecikme süreleri (endtoend delay) hesaplanmıştır. Hizmet erişim gecikme süresi SOBS'de bir çoğuşmadaki paketlerin optik ağa erişmesi için gerçekleştirilen aşamalardaki toplam bekleme süresidir. Uçtan uca gecikme süresi ise hizmet erişim gecikmesi ve yayılım gecikmesi (propagation delay) sürelerinin toplanmasıyla hesaplanabilir. Bu çalışmada aynı kaynaktan aynı hedefe giden çoğuşmaların yayılım gecikme süreleri sabittir. Burada görüldüğü üzere uçtan uca gecikme süresi doğrudan erişim gecikme süresine bağlıdır.

Şekil 3.3'de SOBS'de erişim gecikme süresi hesaplama diyagramı gösterilmektedir. Diyagramda görüldüğü üzere tüm düğümler için olan çoğuşma kayıp oranı hesaplanırken tek tek her düğümdeki kayıp oranı hesaplanır. Burada hedef çıkış fiberine gelen çoğuşma sayısı her bir fiber için olan dalgaboyu sayısından büyükse çekişme oluşur, $m - k$ çoğuşma düşer ve k sayıda çoğuşma iletilir. Daha sonra çoğuşma kayıp oranı hesaplanır. Eğer hedef çıkış fiberine gelen çoğuşma sayısı her bir fiber için olan dalgaboyu sayısına eşit veya küçükse çoğuşmalar çekişme olmadan diğer düğümlere yollanır. Bu süreç tamamlandıktan sonra başarılı ve başarısız çoğuşma oranları hesaplanır. Tek bir çoğuşma için olan gecikme süresi 425 μs olarak ayarlanır [2, 7]. Son olarak başarılı ve başarısız çoğuşma oranları ve bekleme gecikmesi kullanılarak ortalama erişim gecikme süresi hesaplanır.

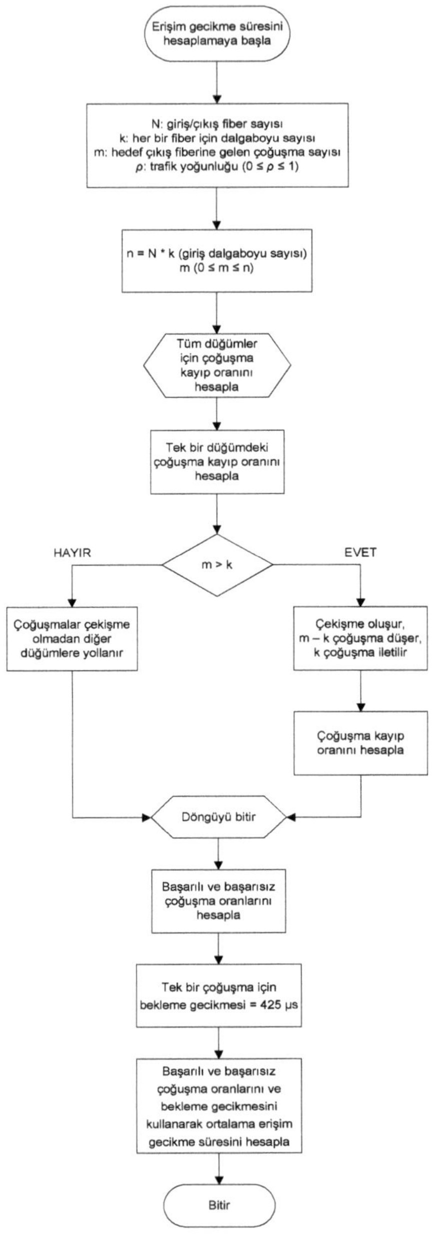

Şekil 3.3: SOBS'de erişim gecikme süresi hesaplama diyagramı.

Şekil 3.4'de SOBS'de uçtan uca gecikme süresi hesaplama diyagramı gösterilmektedir. Diyagramda görüldüğü üzere tüm düğümler için olan çoğuşma kayıp oranı hesaplanırken tek tek her düğümdeki kayıp oranı hesaplanır. Burada hedef çıkış fiberine gelen çoğuşma sayısı her bir fiber için olan dalgaboyu sayısından büyükse çekişme oluşur, $m - k$ çoğuşma düşer ve k sayıda çoğuşma iletilir. Daha sonra çoğuşma kayıp oranı hesaplanır. Eğer hedef çıkış fiberine gelen çoğuşma sayısı her bir fiber için olan dalgaboyu sayısına eşit veya küçükse çoğuşmalar çekişme olmadan diğer düğümlere yollanır. Bu süreç tamamlandıktan sonra başarılı ve başarısız çoğuşma oranları hesaplanır. Tek bir çoğuşma için olan gecikme süresi 425 µs olarak ayarlanır [2, 7]. Ardından başarılı ve başarısız çoğuşma oranları ve bekleme gecikmesi kullanılarak ortalama erişim gecikme süresi hesaplanır. Bir sonraki aşamada ortalama yayılım gecikme süresi hesaplanır. Son olarak erişim gecikme süresi ve yayılım gecikme süresi toplanarak uçtan uca gecikme süresi elde edilir.

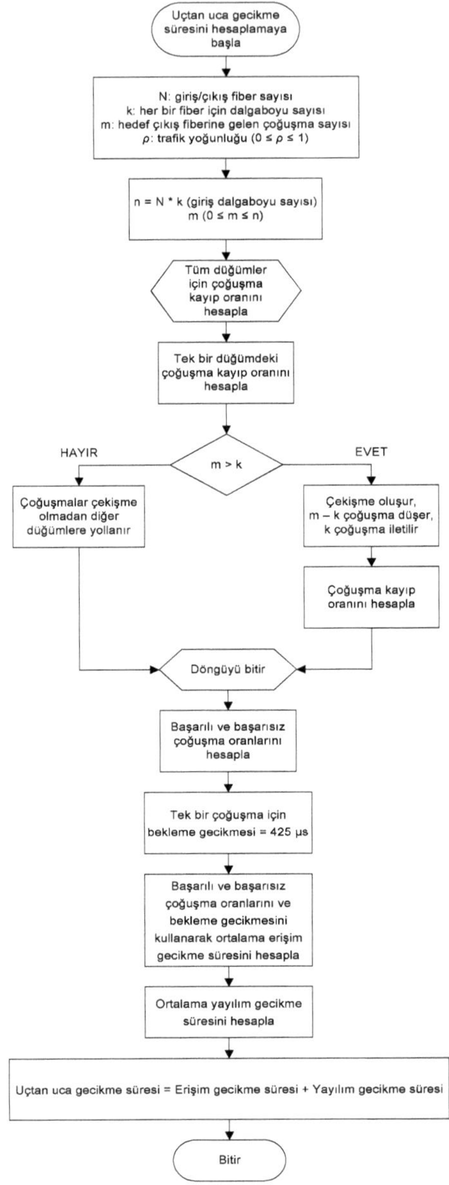

Şekil 3.4: SOBS'de uçtan uca gecikme süresi hesaplama diyagramı.

3.2. KARŞILAŞTIRMA İÇİN KULLANILAN SOPS YÖNTEMİ

Bir SOPS ağında zaman slotludur ve her bir düğümdeki anahtar yapısı sadece bir zaman slotunun başında tekrardan yapılandırılabilir. Bu ağdaki tüm paketler aynı boyuttadır ve slotun uzunluğu paket boyutu ve optik başlık uzunluğunun toplamına eşittir. Değişken hat yayılım gecikmeleri sebebiyle bir düğüme farklı arayüzler üzerinden gelen paketler yerel saat ile sıraya dizilemeyebilirler. Bu sebeple gelen paketleri senkronize etmek ve zaman slotlarını anahtarlayarak paketleri sıraya dizmek giriş arayüzünün sorumluluğundadır. Senkron optik anahtarlama yapılarının oluşturulması ve işlenilmesi basittir. Bu nedenle SOPS ağları araştırmacıların dikkatini çekmektedir.

Tüm optik ağ senaryoları arasında OPS, uzun dönemde gelecek vaat eden bir aday olarak görülmektedir. OPS ağları optik alanda zaman-bölmeli çoğullamayı etkinleştirerek istatistiksel çoğullamadan yararlanabilir. Bu da ağ kaynaklarının iyi bir şekilde kullanımını garanti altına alır. OPS asenkron ya da slotlu modda çalışır. Asenkron OPS'de paketler anahtara herhangi bir zamanda giriş portları arasında herhangi bir senkronizasyon olmadan ulaşırlar. SOPS'de paketler giriş portları arasında senkronize olan sabit ve eşit aralıklı ayrık zaman slotlarında anahtara ulaşırlar. SOPS asenkron OPS ile kıyaslandığında anahtar düğümün karmaşıklığını arttırıyor olsa da daha verimlidir. Bunun nedeni çekişme oluşma ihtimalini düşürmesidir [3, 34].

3.2.1. SOPS Yönteminin Teorik ve Algoritmik Analizi

Çalışmada SOPS'de tek bir anahtardaki giriş/çıkış fiber sayısı N, dalgaboyu bölmeli çoğullama kullanılarak elde edilen ve her bir fiber için olan dalgaboyu sayısı ise k olarak ifade edilmiştir. SOPS'nin kayıp olasılıkları hesaplanırken trafik bağımsız ve tek tip olarak düşünülmüştür. SOPS'de belirli bir zaman slotunda bir giriş dalgaboyuna gelen bir paket için olasılık ρ $(0 \leq \rho \leq 1)$ olarak ifade edilmiştir. Yani ρ

diğer dalgaboylarında gelen paketlerden ve önceki zaman slotlarında gelen paketlerden bağımsızdır. $A_m(0 \leq A_m \leq 1)$ belirli bir zaman slotunda hedef çıkış fiberine gelen m $(0 \leq m \leq Nk)$ sayıdaki paketin olasılığıdır. n giriş dalgaboyu sayısıdır.

$$n = Nk \tag{3.3}$$

p bir giriş dalgaboyuna gelen ve hedef çıkış fiberine yönlendirilen paketin olasılığıdır.

$$p = \frac{\rho}{N} \tag{3.4}$$

Ardından A_m, n ve p'ye bağlı olarak binom süreci $P_p(m|n)$'ye göre (3.5)'deki gibi dağılmaktadır [34].

$$A_m = P_{\frac{\rho}{N}}(m|Nk) = \binom{Nk}{m}\left(\frac{\rho}{N}\right)^m \left(1-\frac{\rho}{N}\right)^{Nk-m} \tag{3.5}$$

$E[A_m]$, bir zaman slotunda gelen paketlerin sayısının ortalamasıdır.

$$E[A_m] = Nkp = \rho k \tag{3.6}$$

Eğer bir zaman slotunda hedef çıkış fiberine $m > k$ sayıda paket gelirse çekişme oluşur ve $m - k$ paket düşerken k sayıda paket iletilir. Böylece ortalama paket kayıp oranı (3.7)'deki gibi formüle edilir [34].

$$P_{ort} = \frac{1}{\rho k} \sum_{m=k+1}^{Nk} A_m (m - k) \tag{3.7}$$

A_m, ortalama paket kayıp oranı formülünde yerine koyulduğunda ise (3.8)'deki formül elde edilir.

$$P_{ort} = \frac{1}{\rho k} \sum_{m=k+1}^{Nk} \binom{Nk}{m} \left(\frac{\rho}{N}\right)^m \left(1 - \frac{\rho}{N}\right)^{Nk-m} (m-k) \tag{3.8}$$

Tek anahtarlı senaryo ile kıyaslandığında, yönlendirmenin ele alınması gerektiğinden paket kayıp modelli bir senaryo oluşturma daha zordur. Fakat paketin bir yol boyunca gittiği basitleştirilmiş durumu düşünmek yararlıdır. Eğer tek bir anahtardaki ortalama paket kayıp olasılığı p_{ort} olursa bir paketin m-atlamalı bir yol boyunca başarılı bir şekilde gönderilme olasılığı $(1 - p_{ort})^m$ olur. Böylece buna karşılık gelen m-atlamalı kayıp olasılığı (3.9)'daki gibi olur [4].

$$P(m) = 1 - (1 - p_{ort})^m \tag{3.9}$$

(3.9)'daki formülün elde edilmesi Jackson teoremine dayanmaktadır. Bu teoreme göre bir paketin m-atlamalı bir yol boyunca başarılı bir şekilde gönderilme olasılığı hesaplanırken her bir düğüm ayrı olarak değerlendirilir [48].

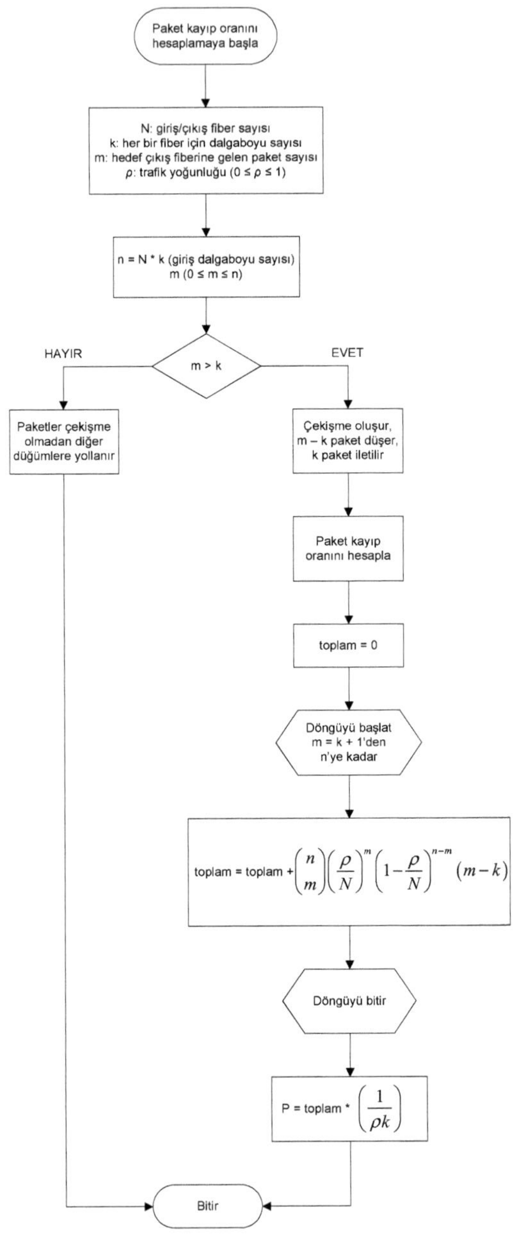

Şekil 3.5: SOPS'de paket kayıp oranı hesaplama diyagramı.

Şekil 3.5'de SOPS'de tek bir düğümdeki paket kayıp oranı hesaplama diyagramı gösterilmektedir. Diyagramda görüldüğü üzere hedef çıkış fiberine gelen paket sayısı her bir fiber için olan dalgaboyu sayısından büyükse çekişme oluşur, $m - k$ paket düşer ve k sayıda paket iletilir. Daha sonra paket kayıp oranı hesaplanır. Eğer hedef çıkış fiberine gelen paket sayısı her bir fiber için olan dalgaboyu sayısına eşit veya küçükse paketler çekişme olmadan diğer düğümlere yollanır.

Bu tez çalışmasında kayıp oranına ek olarak yapılan simülasyonlarda SOPS yönteminin farklı topolojiler üzerindeki hizmet erişim gecikme süreleri ve uçtan uca gecikme süreleri hesaplanmıştır. Hizmet erişim gecikme süresi SOPS'de paketlerin optik ağa erişmesi için gerçekleştirilen aşamalardaki toplam bekleme süresidir. Uçtan uca gecikme süresi ise hizmet erişim gecikmesi ve yayılım gecikmesi sürelerinin toplanmasıyla hesaplanabilir. Bu çalışmada aynı kaynaktan aynı hedefe giden paketlerin yayılım gecikme süreleri sabittir. Burada görüldüğü üzere uçtan uca gecikme süresi doğrudan erişim gecikme süresine bağlıdır.

Şekil 3.6'da SOPS'de erişim gecikme süresi hesaplama diyagramı gösterilmektedir. Diyagramda görüldüğü üzere tüm düğümler için olan paket kayıp oranı hesaplanırken tek tek her düğümdeki kayıp oranı hesaplanır. Burada hedef çıkış fiberine gelen paket sayısı her bir fiber için olan dalgaboyu sayısından büyükse çekişme oluşur, $m - k$ paket düşer ve k sayıda paket iletilir. Daha sonra paket kayıp oranı hesaplanır. Eğer hedef çıkış fiberine gelen paket sayısı her bir fiber için olan dalgaboyu sayısına eşit veya küçükse paketler çekişme olmadan diğer düğümlere yollanır. Bu süreç tamamlandıktan sonra başarılı ve başarısız paket oranları hesaplanır. Tek bir paket için olan gecikme süresi 250 μs olarak ayarlanır [7, 49]. Son olarak başarılı ve başarısız paket oranları ve bekleme gecikmesi kullanılarak ortalama erişim gecikme süresi hesaplanır.

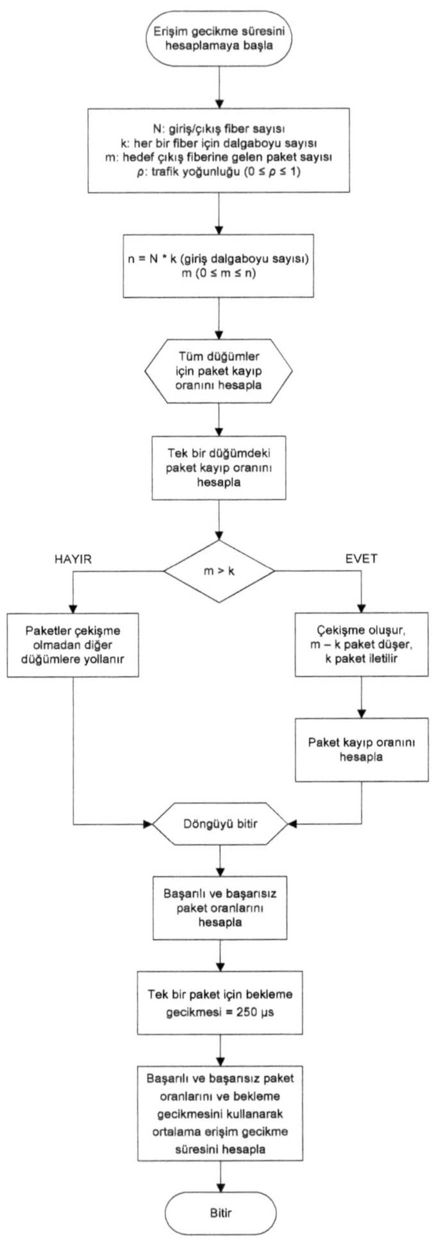

Şekil 3.6: SOPS'de erişim gecikme süresi hesaplama diyagramı.

Şekil 3.7'de SOPS'de uçtan uca gecikme süresi hesaplama diyagramı gösterilmektedir. Diyagramda görüldüğü üzere tüm düğümler için olan paket kayıp oranı hesaplanırken tek tek her düğümdeki kayıp oranı hesaplanır. Burada hedef çıkış fiberine gelen paket sayısı her bir fiber için olan dalgaboyu sayısından büyükse çekişme oluşur, $m - k$ paket düşer ve k sayıda paket iletilir. Daha sonra paket kayıp oranı hesaplanır. Eğer hedef çıkış fiberine gelen paket sayısı her bir fiber için olan dalgaboyu sayısına eşit veya küçükse çoğuşmalar çekişme olmadan diğer düğümlere yollanır. Bu süreç tamamlandıktan sonra başarılı ve başarısız paket oranları hesaplanır. Tek bir paket için olan gecikme süresi 250 μs olarak ayarlanır [7, 49]. Ardından başarılı ve başarısız paket oranları ve bekleme gecikmesi kullanılarak ortalama erişim gecikme süresi hesaplanır. Bir sonraki aşamada ortalama yayılım gecikme süresi hesaplanır. Son olarak erişim gecikme süresi ve yayılım gecikme süresi toplanarak uçtan uca gecikme süresi elde edilir.

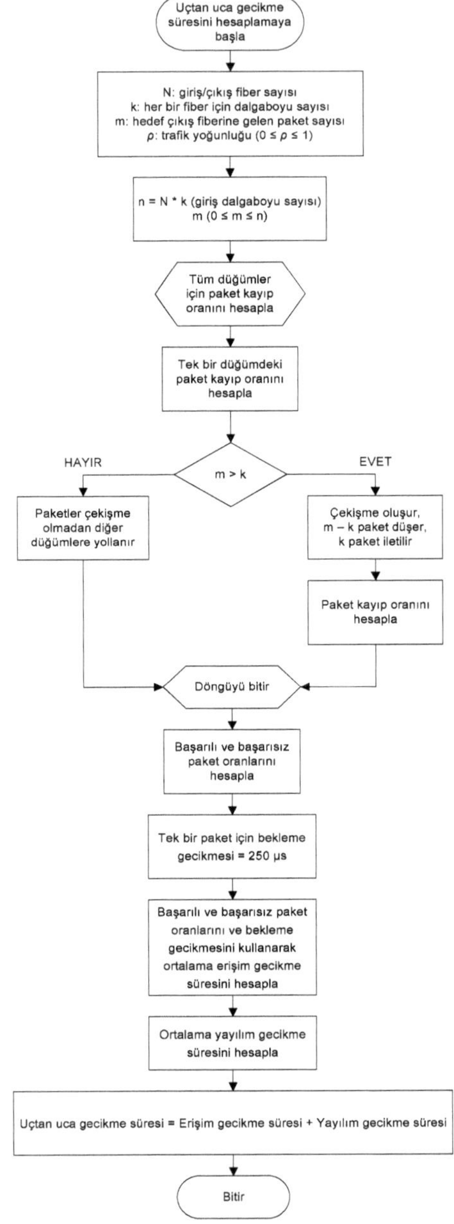

Şekil 3.7: SOPS'de uçtan uca gecikme süresi hesaplama diyagramı.

3.3. SİMÜLASYON ORTAMI

SOBS ve SOPS tekniklerinin karşılaştırmalı performans analizi yapılırken simülasyon programı olarak MATLAB kullanılmıştır. Simülasyon çalışması 2 farklı topoloji üzerinde yapılmıştır. Yapılan simülasyonda 14 düğümlü NSFNET (National Science Foundation Network) ve halka topolojileri kullanılmıştır. 14 düğümlü halka topolojisinde düğümler arası mesafeler 1000 km olarak belirlenmiştir. NSFNET topolojisi Şekil 3.8'de, halka topolojisi ise Şekil 3.9'da gösterilmiştir.

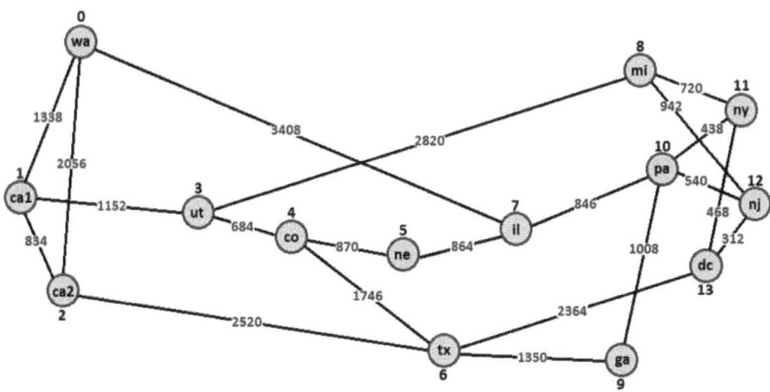

Şekil 3.8: NSFNET topolojisi.

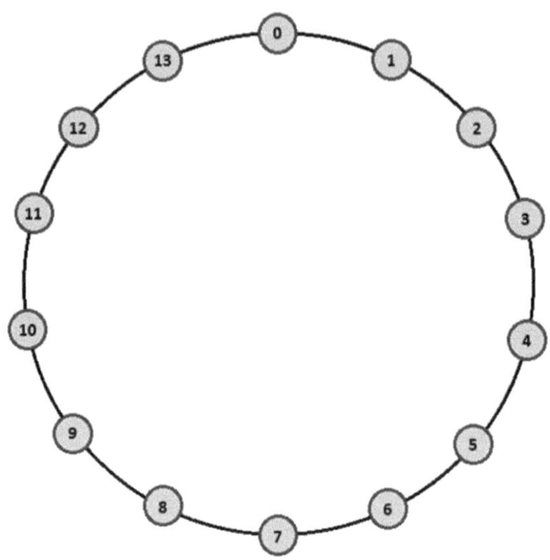

Şekil 3.9: Halka topolojisi.

NSFNET topolojisi ileri derece araştırma ve eğitim gerçekleştirmek için 1985 yılında ABD'de kurulan bir ağ yapısıdır. NSFNET, ABD'deki optik yönlendiricilerin bulundukları şehirler ve aralarındaki mesafeleri gösteren çokgen bir topolojidir. Şekil 3.8'deki NSFNET topolojisinde optik yönlendiricilerin bulundukları şehir isimlerinin kısaltmaları düğümlerin içerisine yerleştirilmiştir. Daha sonra bu düğümler numaralandırılmış ve numaralar düğümlerin yanlarına yazılmıştır. Şekil 3.9'daki halka topolojisinde ise numaralar düğümlerin içerisinde yer almaktadır.

Simülasyon ortamında her bir SOBS düğümü hem uç hem de çekirdek düğümü olarak çalışabilmektedir. Uç düğümler, SOBS ağının giriş noktalarında dış ortamdan gelen paketleri çoğuşma oluşturacak şekilde birleştirir ve çekirdek ağa yollar. SOBS'deki çekirdek düğümlerin görevi OXC'leri kullanarak gelen çoğuşmaları gideceklere yöne göre çıkış portlarına yönlendirmektir. SOPS'de ise uç ve çekirdek düğüm olarak bir ayrım yoktur. Tüm düğümler optik paketleri alabilir ve yönlendirebilirler. Simülasyon çalışmasında tüm SOBS ve SOPS düğümleri üzerinde tam dalgaboyu dönüştürücülerin olduğu düşünülmüştür.

NSFNET ve halka topolojilerinde düğümler arasındaki optik hat ve dalgaboyu sayılarının farklı değerleri kullanılarak simülasyon gerçekleştirilmiştir. Optik hatlar 4 ve 8 adet veri kanalı, dalgaboyları ise 8 ve 16 adet olarak uygulanmıştır. Her hat çift yönlüdür (duplex) ve her dalgaboyu 10 Gbit veri iletimi kapasitesine sahiptir. Ayrıca SOBS'de 1 adet kontrol kanalı vardır.

SOBS'de yönlendiriciler senkronizedirler ve sadece zaman slotlarının başında sabit uzunluklu çoğuşmalar yollarlar. Çekirdek düğümlerde senkronizasyonu sağlamak için temel gereksinim her bir hattın gecikmesinin zaman slotunun katı olmasıdır. Bunu gerçekleştirmek için her bir hattın sonuna uygun uzunlukta FDL'ler eklenmiştir. FDL uzunlukları kısadır. Çünkü bir zaman slotundan büyük bir gecikme ihtiyacı olmamaktadır. Ayrıca toplam FDL sayısı da azdır. Bunun nedeni her bir hat için sadece bir FDL gerekli olmasıdır. SOBS'de eklenen FDL'lerden sadece veri çoğuşmaları geçer. Kontrol çoğuşmaları ayrı bir dalgaboyunda modüle edilir ve doğrudan çekirdek yönlendiriciye yollanır. SOBS'de kontrol ve veri çoğuşması bir düğümden aynı anda yola çıkar. Aynı anda yola çıktıklarından dolayı ofset zamanına ihtiyaç yoktur. Kontrol çoğuşması, veri çoğuşmasından önce düğüme ulaşmak zorundadır. Çünkü çekirdek düğümler kontrol çoğuşması ile taşınan bilgiye göre anahtarı yapılandırır ve veri çoğuşmasının doğrudan diğer düğümlere geçmesini sağlar. SOBS'de kontrol çoğuşması daha basit ve kısadır. Çünkü kontrol çoğuşması veri çoğuşmasının uzunluğunu veya veri çoğuşmasının geliş zamanını taşımaz.

Kanal zamanlama, SOPS ve SOBS'de başarılı olarak daha fazla paket ve çoğuşma iletilmesinde önemli bir role sahiptir. Kontrol çoğuşması bir düğüme ulaştığında, ilgili veri çoğuşmasının giden hat üzerindeki dalgaboyu kanalını ve FDL'leri belirlemek için bir dalgaboyu kanal zamanlama algoritması kullanılır. Zamanlayıcı, her dalgaboyu kanalı üzerindeki zaman slotlarının kullanılabilirliği bilgisini tutar.

Düğümde FDL'ler varsa ve zamanlayıcının veri çoğuşmasını geciktirmesi gerekliyse bir veya daha fazla FDL seçilir. Çoğuşma kayıp olasılığını azaltmak için dalgaboyu kanalları ve FDL'ler etkin bir şekilde seçilmelidir. Buna ek olarak zamanlayıcı, veri çoğuşması hedefe ulaşmadan önce kontrol çoğuşmasının işlenmesini garanti etmelidir. Veri kanalı zamanlama algoritmaları boşluk doldurmasız ve boşluk doldurmalı olarak iki ana sınıfa ayrılabilir. Simülasyon çalışmasında boşluk doldurmasız algoritma kullanılmıştır. Boşluk doldurmasız algoritmalarda işleme hızını en üst düzeye çıkarma amacıyla önceden zamanlanmış olan çoğuşmaların arasında oluşan boşluklara yeni gelen çoğuşmalar yerleştirilmez. Bunun yerine her kanal için en son zamanlanmış çoğuşmanın bitiş zamanı olan atama yapılmamış zamanların kaydını tutar. Bir başlık veya kontrol çoğuşması geldiğinde, ya ilk bulduğu zamanlanmamış kanal ya da kontrol çoğuşmasına ait çoğuşmanın başlama zamanına en yakın olan ve zamanlanmamış bir kanal seçilerek gelecek çoğuşma için tahsis edilir.

Simülasyonda SOBS için çoğuşma boyutu 12500 byte, kontrol çoğuşma boyutu ise 32 byte olarak belirlenmiştir. Böylece kontrol kanalı ihtiyacı (32/12500) olmaktadır. SOPS'de ise veri paketlerinin boyutu 1500 byte olarak belirlenmiştir. SOPS'de her optik paketin taşıması gereken optik başlık ve koruma biti ek yükü vardır. Her bir optik paket için ek yük 24 byte olarak seçilmiştir. Bu durumda optik ağa yollanacak olan bir optik paketin boyutu 1524 byte olmaktadır. Böylece taşınması gereken ek yük (24/1524) oranında olur. Bu da ağın toplam taşıma kapasitesini düşürmektedir. SOBS'deki kontrol kanalı ihtiyacı SOPS'deki ek yük ile kıyaslandığında oldukça azdır.

SOBS'de bir optik paketin optik hatta girmesi yani hizmet almaya başlaması için bazı aşamalardan geçmesi gerekmektedir. İlk olarak, paketler çoğuşma oluşturma adımında önceliğe ve hedefe göre gruplanırlar. İkinci olarak, oluşturulması gerçekleştirildikten sonra çoğuşma gidebileceği bir kanal bulmak için kuyrukta beklemektedir. Daha sonra ise senkronizasyon sağlanmaktadır. SOBS'de bir çoğuşmadaki paketlerin optik ağa erişmesi için gerçekleştirilen bu aşamalardaki toplam bekleme gecikmesi 425 μs olarak belirlenmiştir [2, 7]. SOPS'de ise paketler gidebilecekleri bir kanal bulmak için kuyrukta beklerler. Ardından senkronizasyon işlemi gerçekleştirilir. Buradaki bekleme gecikmesi SOBS ile kıyaslandığında daha azdır. SOPS'deki paketler için bekleme gecikmesi 250 μs olarak belirlenmiştir [7, 49].

4. BULGULAR

Simülasyon çalışmasında NSFNET ve halka topolojileri üzerinde SOBS ve SOPS tekniklerinin karşılaştırılması farklı hat ve dalgaboyu sayıları kullanılarak yapılmıştır. Grafikler üzerinde giriş/çıkış fiber sayısı ve her bir fiber için olan dalgaboyu sayısının kayıp olasılığı, erişim gecikme süresi ve uçtan uca gecikme süresi üzerindeki etkileri gösterilmektedir. Aynı hat ve dalgaboyu sayıları için SOBS ve SOPS tekniklerinin kıyaslanması topoloji bazlı olarak tek grafik üzerinde gösterilmiştir. Ayrıca hat ve dalgaboyu değişkenlerinin SOBS ve SOPS teknikleri üzerindeki etkileri NSFNET ve halka topolojileri için ayrı ayrı olarak incelenmiştir.

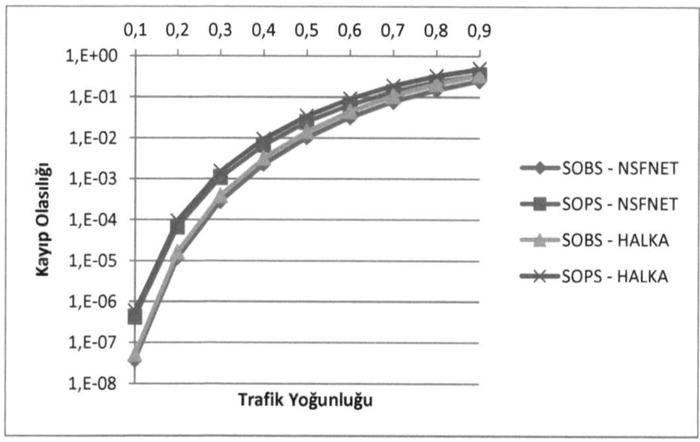

Şekil 4.1: *N*=4 ve *k*=8 olduğunda NSFNET ve halka topolojileri üzerindeki kayıp olasılıkları.

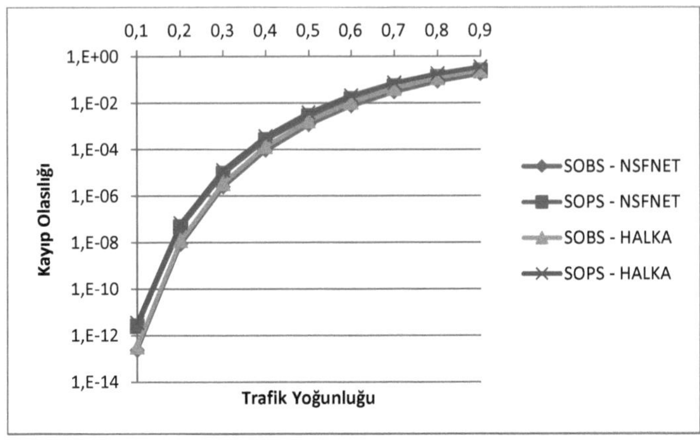

Şekil 4.2: N=8 ve k=16 olduğunda NSFNET ve halka topolojileri üzerindeki kayıp olasılıkları.

Şekil 4.1 N=4 ve k=8 olduğunda SOBS ve SOPS'nin NSFNET ve halka topolojileri üzerinde kayıp olasılığı açısından kıyaslanmasını göstermektedir. SOBS her iki topolojide de kayıp olasılığı açısından SOPS'den daha iyi sonuçlar vermektedir. Grafikte görüldüğü üzere SOBS ve SOPS'nin kayıp olasılıklarının NSFNET topolojisinde daha iyi olduğu görülmektedir. NSFNET topolojisi düzensiz bir yapıda olduğundan her bir düğüm üzerindeki yoğunluk miktarı düğümün ağ üzerindeki yerine göre değişmektedir. Halka topolojide ise her bir düğüm üzerindeki yoğunluk miktarı homojen olarak dağılmaktadır ve her bir düğüm büyük miktarda bir yoğunluk taşımak zorundadır. Halka topolojide çevrimsel bir yapı olduğundan hedefe yollanan paketler ve çoğuşmalar ağdaki diğer düğümler üzerinden geçmek zorundadır. Bu sebeple her bir düğüm üzerindeki yoğunluk artacaktır. Halka topolojide yoğunluktan dolayı yapılamayan rezervasyonlar SOBS'de daha fazla çoğuşmanın ara düğümlerde düşmesine neden olmaktadır. SOPS'de ise sisteme girecek olan paketler yoğunluktan dolayı kuyrukta daha fazla bekleyeceklerdir. SOPS'deki paket kayıplarının çoğu kuyruğa giremeyen paketlerden kaynaklanmaktadır. SOBS'deki kontrol kanalı ihtiyacı SOPS'deki ek yük ile kıyaslandığında oldukça azdır. Halka topolojide yoğunluğun artmasıyla SOPS'deki ek yükler ağın taşıma kapasitesini doldurduğu için daha az sayıda paket yoluna devam etmektedir. Bu nedenlerden dolayı SOPS'deki kayıp oranı SOBS'den daha fazladır. Şekil 4.2'de ise N=8 ve k=16 değerleri için SOBS ve SOPS'nin NSFNET ve halka topolojileri üzerinde kayıp olasılığı açısından karşılaştırılması gösterilmektedir. Şekil 4.1 ile kıyaslandığında N ve k'nın artışının SOBS ve SOPS için her iki topolojide de kayıp oranlarını azalttığı görülmektedir. Bunun nedeni N ve k'nın ikisinin birden artışının çekişme olma ihtimalini azaltmasıdır.

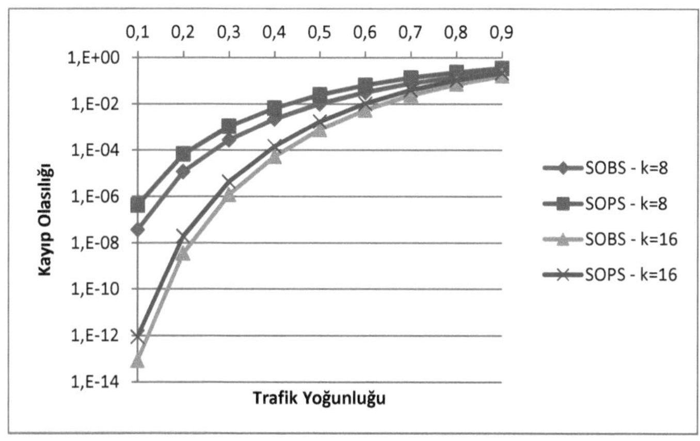

Şekil 4.3: N=4 olduğunda NSFNET topolojisi üzerindeki kayıp olasılıkları.

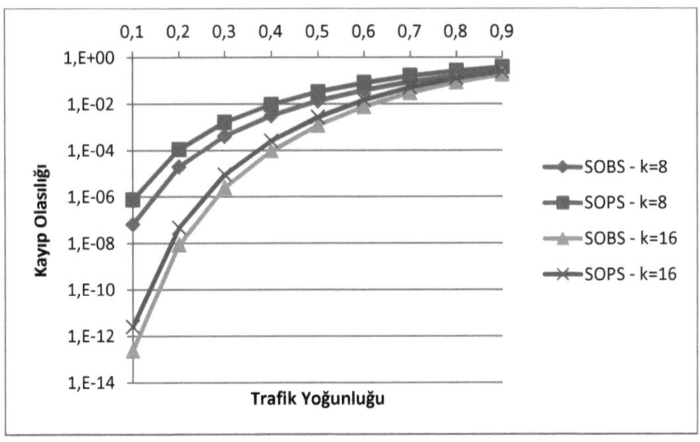

Şekil 4.4: *N*=8 olduğunda NSFNET topolojisi üzerindeki kayıp olasılıkları.

Şekil 4.3 *N*=4, *k*=8 ve 16 olduğunda SOBS ve SOPS'nin NSFNET topolojisi üzerinde kayıp olasılığı açısından kıyaslanmasını göstermektedir. Şekil 4.4'de ise *N*=8, *k*=8 ve 16 olduğunda SOBS ve SOPS'nin NSFNET topolojisi üzerinde kayıp olasılığı açısından karşılaştırılması gösterilmektedir. İki grafikte de görüldüğü üzere SOBS NSFNET topolojisinde kayıp olasılığı açısından SOPS'den daha iyi sonuçlar vermektedir. Bu *k*'nın 8 ve 16 olan iki değeri için de doğrudur. Ayrıca *k* sayısı arttıkça kayıp olasılığı düşmektedir. Bunun nedeni çekişme olma ihtimalinin dalgaboyu sayısıyla ters orantılı olmasıdır. Dalgaboyu sayısı arttıkça çekişme olma ihtimalı azalır. Böylece çoğuşma ve paket kayıp olasılıkları azalmış olur.

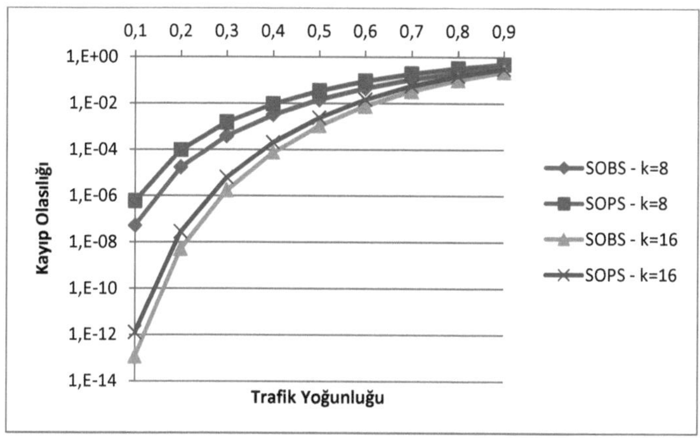

Şekil 4.5: N=4 olduğunda halka topolojisi üzerindeki kayıp olasılıkları.

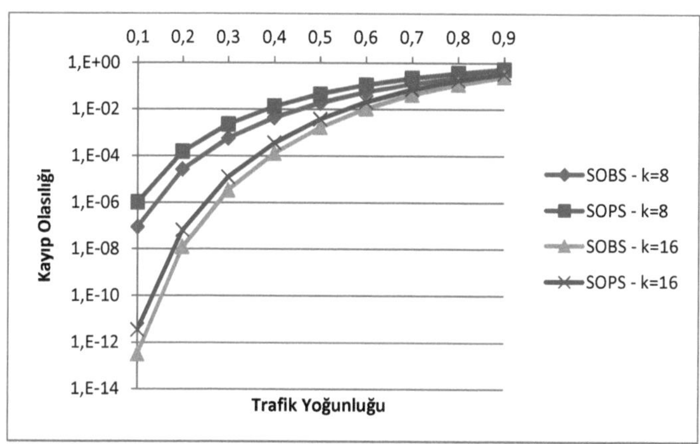

Şekil 4.6: N=8 olduğunda halka topolojisi üzerindeki kayıp olasılıkları.

Şekil 4.5'de N=4, k=8 ve 16 değerleri için SOBS ve SOPS'nin halka topolojisi üzerinde kayıp olasılığı açısından karşılaştırılması gösterilmektedir. Şekil 4.6 ise N=8, k=8 ve 16 değerleri için SOBS ve SOPS'nin halka topolojisi üzerinde kayıp olasılığı açısından kıyaslanmasını göstermektedir. Bu iki grafiğe bakıldığında SOBS'nin halka topolojisinde kayıp olasılığı açısından SOPS'den daha iyi sonuçlar verdiği görülmektedir. Bu k'nın 8 ve 16 olan iki değeri için de doğrudur. Ek olarak k sayısı arttıkça kayıp olasılığı düşmektedir. Bunun nedeni çekişme olma ihtimalinin dalgaboyu sayısıyla ters orantılı olmasıdır. Dalgaboyu sayısı arttıkça çekişme olma ihtimalı azalır. Bu sebeple çoğuşma ve paket kayıp olasılıkları azalmış olur.

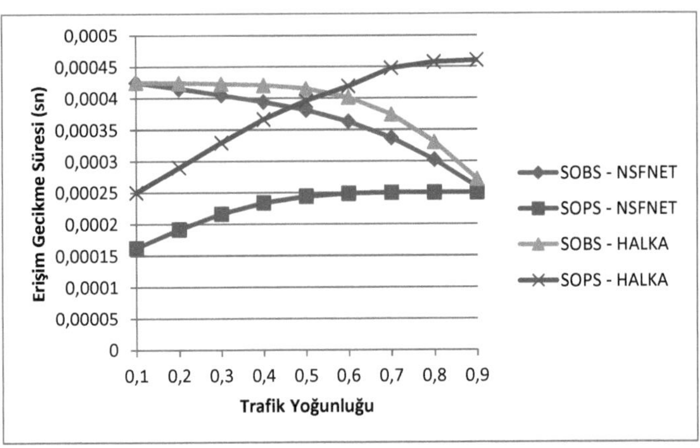

Şekil 4.7: N=4 ve k=8 olduğunda NSFNET ve halka topolojileri üzerindeki erişim gecikme süreleri.

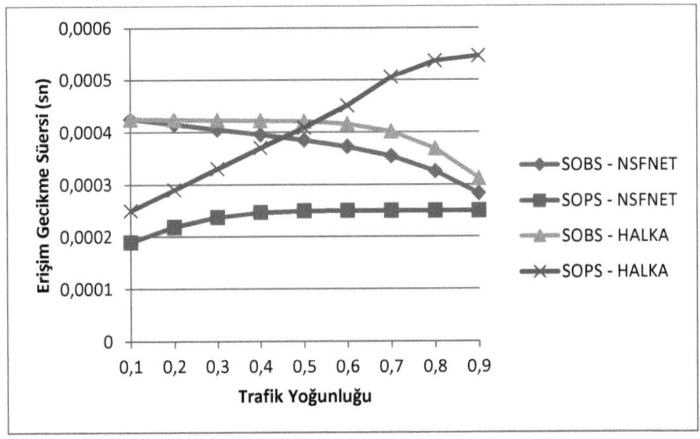

Şekil 4.8: N=8 ve k=16 olduğunda NSFNET ve halka topolojileri üzerindeki erişim gecikme süreleri.

Şekil 4.7 N=4 ve k=8 olduğunda SOBS ve SOPS'nin NSFNET ve halka topolojileri üzerinde hizmet erişim gecikme süresi açısından kıyaslanmasını göstermektedir. Şekil 4.8'de ise N=8 ve k=16 değerleri için SOBS ve SOPS'nin NSFNET ve halka topolojileri üzerinde hizmet erişim gecikme süresi açısından karşılaştırılması gösterilmektedir. İki grafikte de trafik yoğunluğunun artışı SOBS için NSFNET ve halka topolojilerinde erişim gecikme sürelerinin azalmasına neden olmaktadır. SOPS'de ise trafik yoğunluğu arttıkça erişim gecikme süreleri de artmaktadır. SOPS ve SOBS erişim gecikme süresi açısından NSFNET topolojisinde halka topolojisinden daha iyi sonuçlar vermektedir. Düşük trafik yoğunluğunda SOPS her iki topoloji için de SOBS'den daha düşük erişim gecikme sürelerine sahiptir. Trafik yoğunluğu arttıkça SOPS'nin halka topolojisi üzerindeki erişim gecikme süresi SOBS'nin her iki topolojisi için olan erişim gecikme süresinden fazla olmaktadır. Şekil 4.7 ve 4.8'de SOPS'nin NSFNET topolojisi üzerindeki erişim gecikme süresi tüm trafik yoğunluklarında en düşüktür. SOBS'de bir optik paketin optik hatta girmesi yani hizmet almaya başlaması için bazı aşamalardan geçmesi gerekmektedir. İlk olarak, paketler çoğuşma oluşturma adımında önceliğe ve hedefe göre gruplanırlar. İkinci olarak, oluşturulması gerçekleştirildikten sonra çoğuşma gidebileceği bir kanal bulmak için kuyrukta beklemektedir. Daha sonra ise senkronizasyon sağlanmaktadır. SOPS'de ise paketler gidebilecekleri bir kanal bulmak için kuyrukta beklerler. Ardından senkronizasyon işlemi gerçekleştirilir. Buradaki bekleme gecikmesi SOBS ile kıyaslandığında daha azdır. SOBS'de trafik yoğunluğu arttıkça çoğuşma oluşturma aşamasındaki çoğuşmanın oluşturulması daha hızlı gerçekleşmektedir. Çünkü yüksek trafik yükünde çoğuşmalar çoğuşma uzunluğuna göre oluşturulurlar. Ardından sabit olan çoğuşma uzunluğuna ulaşıldığında oluşturulan çoğuşmalar ağa yollanır. Diğer yandan trafik yoğunluğu arttıkça çoğuşmaların tamponda bekleme süreleri artar. Ancak çoğuşma oluşturma aşamasındaki gecikmeyle kıyaslandığında çoğuşmaların tamponda bekleme süresi oldukça azdır. Bu sebeple Şekil 4.7 ve Şekil 4.8'de görüldüğü gibi trafik yoğunluğunun artışı SOBS'de erişim gecikme sürelerinin azalmasına neden olmaktadır. SOPS'nin doğası gereği trafik yoğunluğunun artışı hizmet erişim gecikme sürelerinin artmasına neden olmaktadır. İki grafiğe göre de SOPS'nin erişim gecikme süreleri halka topolojisinde daha fazladır. SOPS halka topolojisinde, çakışma durumlarının paketleri doğrudan optik alana göndermeden optik tamponlar üzerinde üstesinden gelebilmektedir. Bu sayede çakışma sebebiyle ortaya çıkan düşmeler azaltılabilmektedir. Fakat bu durum yerel tamponlardaki bekleme süresini arttırmaktadır ve tampon taşmaları sebebiyle paket düşmelerine neden olmaktadır.

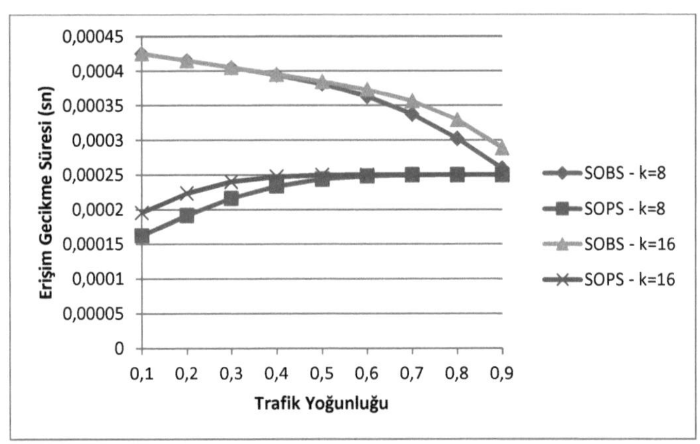

Şekil 4.9: N=4 olduğunda NSFNET topolojisi üzerindeki erişim gecikme süreleri.

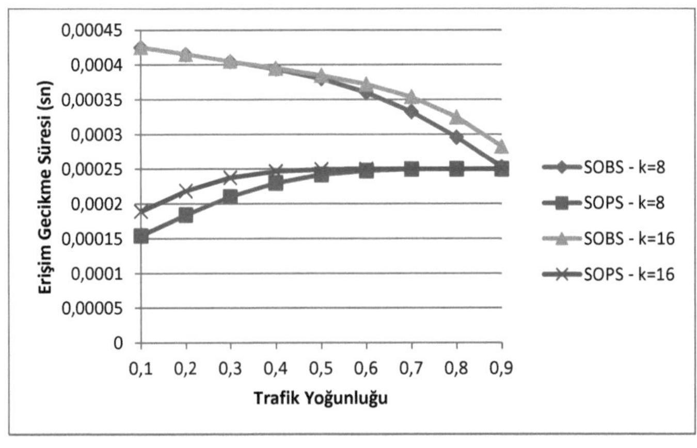

Şekil 4.10: N=8 olduğunda NSFNET topolojisi üzerindeki erişim gecikme süreleri.

Şekil 4.9 N=4, k=8 ve 16 olduğunda SOBS ve SOPS'nin NSFNET topolojisi üzerinde hizmet erişim gecikme süresi açısından kıyaslanmasını göstermektedir. Şekil 4.10 N=8, k=8 ve 16 olduğunda SOBS ve SOPS'nin NSFNET topolojisi üzerinde hizmet erişim gecikme süresi açısından karşılaştırılmasını göstermektedir. İki grafikte de görüldüğü üzere SOPS'nin erişim gecikme süresi NSFNET topolojisinde SOBS'den daha azdır. Bu *k*'nın 8 ve 16 olan iki değeri için de geçerlidir. Trafik yoğunluğu arttıkça SOBS'nin erişim gecikme süresi azalmaktadır. *k*'nın artışı SOBS'de erişim gecikme süresinin azalmasına neden olmaktadır. SOPS'de trafik yoğunluğu arttıkça erişim gecikme süresi de artmaktadır. Düşük trafik yoğunluğunda erişim gecikme süresi azdır. Trafik yoğunluğu arttıkça erişim gecikme süresi artar ve bir noktadan sonra sabit hale gelir.

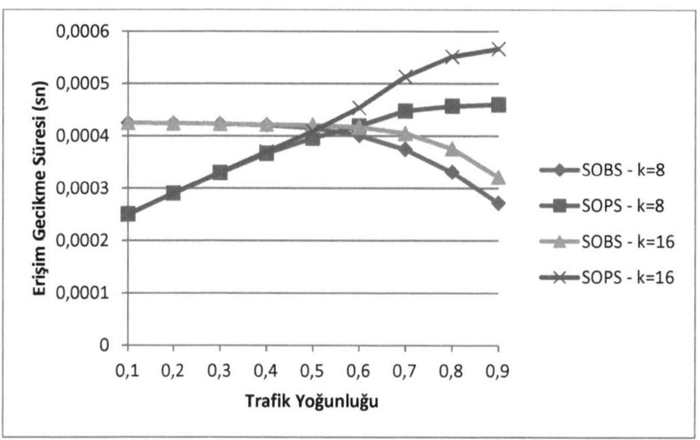

Şekil 4.11: *N*=4 olduğunda halka topolojisi üzerindeki erişim gecikme süreleri.

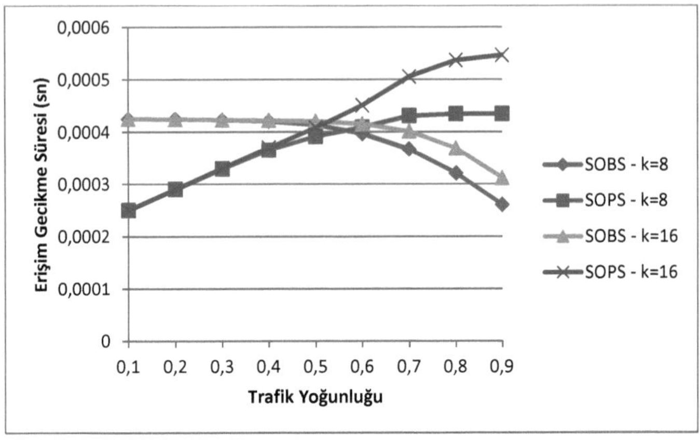

Şekil 4.12: *N*=8 olduğunda halka topolojisi üzerindeki erişim gecikme süreleri.

Şekil 4.11'de *N*=4, *k*=8 ve 16 değerleri için SOBS ve SOPS'nin halka topolojisi üzerinde hizmet erişim gecikme süresi açısından karşılaştırılması gösterilmektedir. Şekil 4.12 *N*=8, *k*=8 ve 16 olduğunda SOBS ve SOPS'nin halka topolojisi üzerinde hizmet erişim gecikme süresi açısından kıyaslanmasını göstermektedir. Bu iki grafiğe bakıldığında düşük trafik yoğunluğunda SOPS'nin hizmet erişim gecikme sürelerinin SOBS'den daha az olduğu görülmektedir. Yüksek trafik yoğunluğunda ise tam tersidir. SOBS'nin hizmet erişim gecikme süreleri SOPS'ye göre daha azdır.

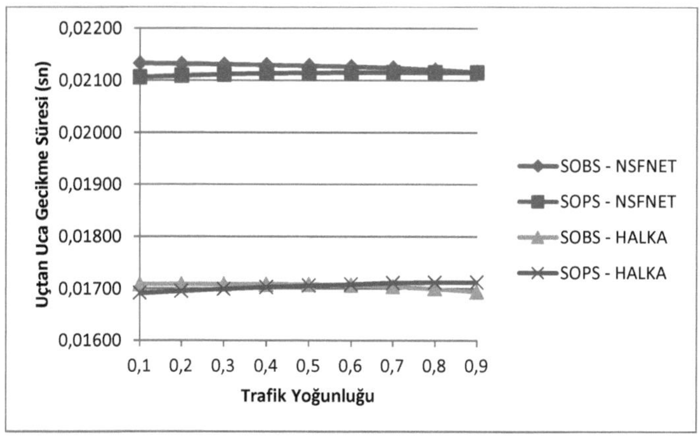

Şekil 4.13: *N*=4 ve *k*=8 olduğunda NSFNET ve halka topolojileri üzerindeki uçtan uca gecikme süreleri.

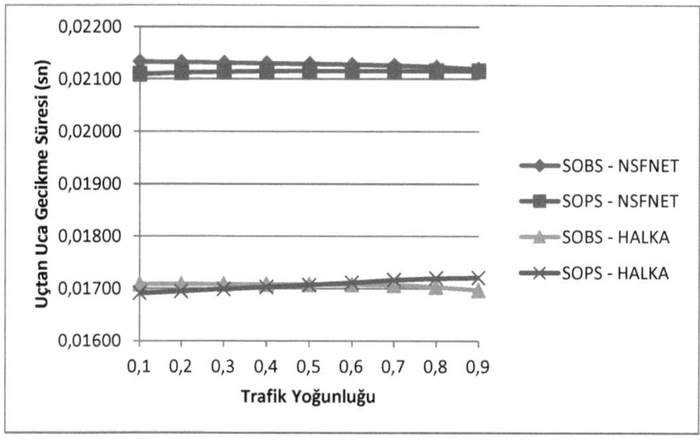

Şekil 4.14: *N*=8 ve *k*=16 olduğunda NSFNET ve halka topolojileri üzerindeki uçtan uca gecikme süreleri.

Şekil 4.13 *N*=4 ve *k*=8 olduğunda SOBS ve SOPS'nin NSFNET ve halka topolojileri üzerinde uçtan uca gecikme süresi açısından kıyaslanmasını göstermektedir. Şekil 4.14'de ise *N*=8 ve *k*=16 değerleri için SOBS ve SOPS'nin NSFNET ve halka topolojileri üzerinde uçtan uca gecikme süresi açısından karşılaştırılması gösterilmektedir. Uçtan uca gecikme süresi; hizmet erişim gecikmesi ve yayılım gecikmesi sürelerinin toplanmasıyla hesaplanabilir. Bu çalışmada aynı kaynaktan aynı hedefe giden paketlerin yayılım gecikme süreleri sabittir. Burada görüldüğü üzere uçtan uca gecikme süresi doğrudan erişim gecikme süresine bağlıdır. Grafiklerde SOBS ve SOPS'nin uçtan uca gecikme sürelerinin halka topolojisinde daha az olduğu görülmektedir. Daha önce bahsedildiği gibi SOBS'de çoğuşma oluşturma zamanındaki düşüş nedeniyle trafik yoğunluğu arttıkça erişim gecikme süresi azalmaktadır. Bu durum topolojide bulunan düğümlerin yerinden bağımsız olarak erişim gecikme süresini ve uçtan uca gecikme süresini etkilemektedir. Fakat daha önce bahsedildiği gibi SOPS'de erişim gecikme süresi paketlerin tamponlarda bekleme sürelerinden etkilenmektedir. Bu nedenle SOPS'de erişim gecikme süresi ve uçtan uca gecikme süresi topolojideki düğümlerin yerlerine bağlıdır. Bu açıklamalara bağlı olarak Şekil 4.13 ve 4.14'de görüldüğü üzere NSFNET topolojisinde SOPS'nin uçtan uca gecikme süresi daha azdır. Halka topolojisinde ise düşük trafik yoğunluğunda SOPS'nin uçtan uca gecikme süresi daha az iken yüksek yoğunluklarda SOBS'ninki daha azdır.

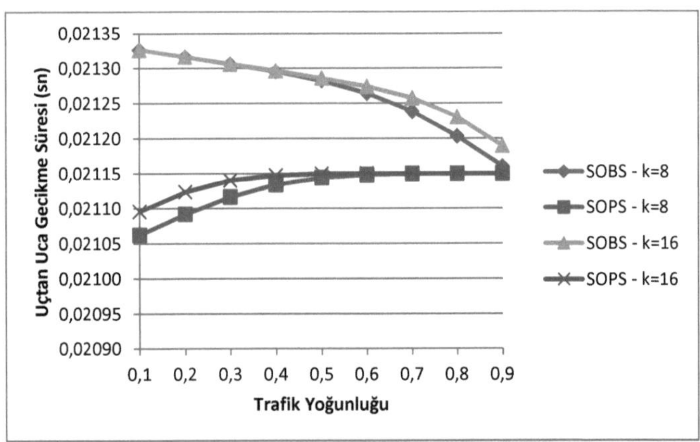

Şekil 4.15: *N*=4 olduğunda NSFNET topolojisi üzerindeki uçtan uca gecikme süreleri.

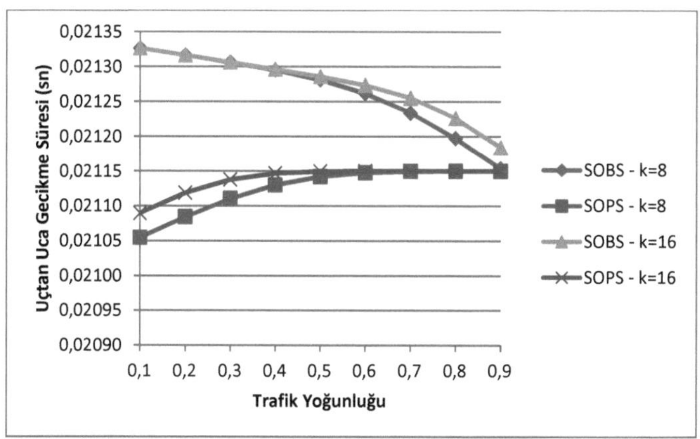

Şekil 4.16: *N*=8 olduğunda NSFNET topolojisi üzerindeki uçtan uca gecikme süreleri.

Şekil 4.15'de *N*=4, *k*=8 ve 16 değerleri için SOBS ve SOPS'nin NSFNET topolojisi üzerinde uçtan uca gecikme süresi açısından karşılaştırılması gösterilmektedir. Şekil 4.16 *N*=8, *k*=8 ve 16 olduğunda SOBS ve SOPS'nin NSFNET topolojisi üzerinde uçtan uca gecikme süresi açısından kıyaslanmasını göstermektedir. İki grafikte de görüldüğü üzere SOPS'nin uçtan uca gecikme süresi NSFNET topolojisinde SOBS'den daha azdır. Bu *k*'nın 8 ve 16 olan iki değeri için de geçerlidir. Trafik yoğunluğu arttıkça SOBS'nin erişim gecikme süresi azalmaktadır. SOPS'de trafik yoğunluğu arttıkça erişim gecikme süresi de artmaktadır. Düşük trafik yoğunluğunda erişim gecikme süresi azdır. Trafik yoğunluğu arttıkça erişim gecikme süresi artar ve bir noktadan sonra sabit hale gelir.

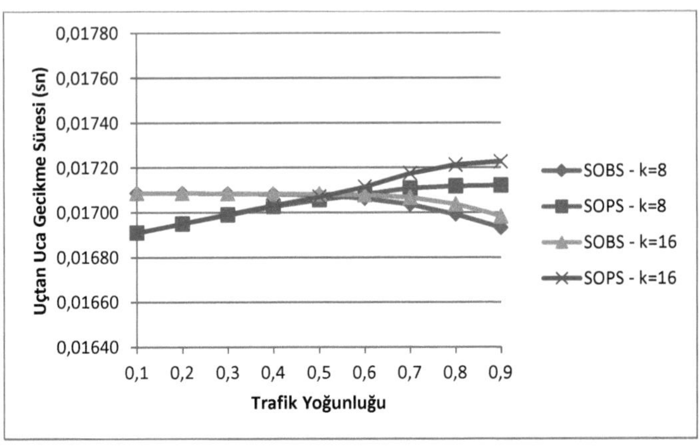

Şekil 4.17: *N*=4 olduğunda halka topolojisi üzerindeki uçtan uca gecikme süreleri.

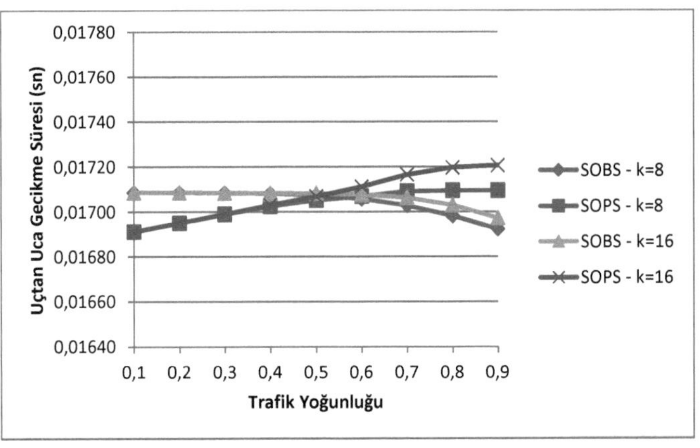

Şekil 4.18: *N*=8 olduğunda halka topolojisi üzerindeki uçtan uca gecikme süreleri.

Şekil 4.17 *N*=4, *k*=8 ve 16 olduğunda SOBS ve SOPS'nin halka topolojisi üzerinde uçtan uca gecikme süresi açısından kıyaslanmasını göstermektedir. Şekil 4.18 *N*=8, *k*=8 ve 16 olduğunda SOBS ve SOPS'nin halka topolojisi üzerinde uçtan uca gecikme süresi açısından karşılaştırılmasını göstermektedir. Bu iki grafiğe bakıldığında düşük trafik yoğunluğunda SOPS'nin uçtan uca gecikme sürelerinin SOBS'den daha az olduğu görülmektedir. Yüksek trafik yoğunluğunda ise SOBS'nin hizmet erişim gecikme süreleri SOPS'ye göre daha azdır.

Simülasyon sonuçlarına göre N=4 ve k=8 olduğunda SOBS'nin NSFNET topolojisindeki ortalama ağ verimliliği oranı %94 iken halka topolojisindeki oran %92'dir. Ayrıca N=4 ve k=8 olduğunda SOPS'nin NSFNET topolojisindeki ortalama ağ verimliliği oranı %91 ve halka topolojisindeki ortalama ağ verimliliği oranı %87'dir. N=8 ve k=16 olduğunda SOBS'nin NSFNET topolojisindeki ortalama ağ verimliliği oranı %97 iken halka topolojisindeki oran %95'dir. Ek olarak N=8 ve k=16 olduğunda SOPS'nin NSFNET topolojisindeki ortalama ağ verimliliği oranı %95 ve halka topolojisindeki ortalama ağ verimliliği oranı %93'dür. Buradaki sonuçlar çoğuşma ve paket kayıp olasılıklarıyla ters orantılıdır. Çoğuşma ve paket kayıp olasılıkları arttıkça ağın verimliliği düşmektedir. Her iki durum için de SOBS ve SOPS'nin NSFNET topolojisindeki ağ verimliliği halka topolojisindekinden daha iyidir. SOBS'nin NSFNET topolojisindeki ağ verimliliği oranı en yüksektir. Ayrıca sonuçlara bakılarak N ve k'nın ikisinin birden artışının ağ verimliliğini arttırdığı görülmektedir.

5. TARTIŞMA VE SONUÇ

Bilgisayar ağlarındaki trafik miktarı günden güne artmaktadır. Bu trafik artışını esneklik ve maliyet açısından etkili bir şekilde destekleyecek yeni yapıların geliştirilmesine ihtiyaç duyulmaktadır. Fakat trafik miktarının anlık değişimi tahmin edilememektedir. Bu nedenle gerekli olan bant genişliğinin belirlenmesi zorlaşmaktadır. İnternetin hızlı genişlemesi çoklu ortam bilgisi için olan talebi de arttırmaktadır. Bu talep artışı bilgisayar ve haberleşme ağlarının sınırlarını zorlamaktadır. Artan bant genişliği gereksinimlerini desteklemek için yüksek kapasiteli ağların geliştirilmesi gerekmektedir. Sürekli artan bu gereksinimi karşılamak için optik ağlarda WDM (Wavelenght Division Multiplexing-Dalgaboyu Bölmeli Çoğullama) kullanılmaktadır. WDM çok büyük bant genişliği sağlamaktadır ve gelecek nesil yüksek hızlı ağlarda bilgi iletimi için gelecek vaat etmektedir. Ancak optik ağların devamlı ölçeklenebilirliğindeki temel sorun, ağın çekirdeğinde bulunan optik ve elektronik anahtarlar arasındaki anahtarlama hızındaki büyük farklılıktır. Optik anahtarlama üç kategoride sınıflandırılabilir. Bunlar OCS (Optical Circuit Switching-Optik Devre Anahtarlama), OPS (Optical Packet Switching-Optik Paket Anahtarlama) ve OBS (Optical Burst Switching-Optik Çoğuşma Anahtarlama)'dir. Slotlanmış (slotted) ve slotlanmamış (unslotted) olmak üzere iki tür optik anahtar ve ağ tanımlanabilir. SOBS (Slotted Optical Burst Switching-Slotlanmış Optik Çoğuşma Anahtarlama)'de çoğuşma uzunluğu sabittir. Yönlendiriciler senkronizedirler ve sadece zaman slotlarının başında çoğuşmaları yollarlar. Bir SOPS (Slotted Optical Packet Switching-Slotlanmış Optik Paket Anahtarlama) ağında zaman slotludur ve her bir düğümdeki anahtar yapısı sadece bir zaman slotunun başında tekrardan yapılandırılabilir. Bu ağdaki tüm paketler aynı boyuttadır ve slotun uzunluğu paket boyutu ve optik başlık uzunluğunun toplamına eşittir.

Bu tez çalışmasında SOBS ve SOPS tekniklerinin karşılaştırmalı performans analizi simülasyon çalışmaları ile yapılmıştır. Performans kriteri olarak kayıp olasılıkları, hizmet erişim gecikme süreleri ve uçtan uca gecikme süreleri göz önünde bulundurulmuştur. Simülasyonlar NSFNET ve halka topolojileri üzerinde farklı hat ve dalgaboyu sayıları için yapılmıştır.

Tez çalışmasında yapılan simülasyon sonuçlarına göre SOBS her iki topolojide de kayıp olasılığı açısından SOPS'den daha iyi sonuçlar vermektedir. SOBS ve SOPS'nin kayıp olasılıklarının NSFNET topolojisinde daha iyi olduğu görülmektedir. NSFNET topolojisi düzensiz bir yapıda olduğundan her bir düğüm üzerindeki yoğunluk miktarı düğümün ağ üzerindeki yerine göre değişmektedir. Halka topolojide ise her bir düğüm üzerindeki yoğunluk miktarı homojen olarak dağılmaktadır ve her bir düğüm büyük miktarda bir yoğunluk taşımak zorundadır. Halka topolojide çevrimsel bir yapı olduğundan hedefe yollanan paketler ve çoğuşmalar ağdaki diğer düğümler üzerinden geçmek zorundadır. Bu sebeple her bir düğüm üzerindeki yoğunluk artacaktır. Halka topolojide yoğunluktan dolayı yapılamayan rezervasyonlar SOBS'de daha fazla çoğuşmanın ara düğümlerde düşmesine neden olmaktadır. SOPS'de ise sisteme girecek olan paketler yoğunluktan dolayı kuyrukta daha fazla bekleyeceklerdir. SOPS'deki paket kayıplarının çoğu kuyruğa giremeyen paketlerden kaynaklanmaktadır. SOBS'deki kontrol kanalı ihtiyacı SOPS'deki ek yük ile kıyaslandığında oldukça azdır. Halka topolojide yoğunluğun artmasıyla SOPS'deki ek yükler ağın taşıma kapasitesini doldurduğu için daha az sayıda paket yoluna devam etmektedir. Bu nedenlerden dolayı SOPS'deki kayıp oranı SOBS'den daha fazladır.

Simülasyon çalışmasına göre trafik yoğunluğunun artışı SOBS için NSFNET ve halka topolojilerinde erişim gecikme sürelerinin azalmasına neden olmaktadır. SOPS'de ise trafik yoğunluğu arttıkça erişim gecikme süreleri de artmaktadır. SOPS ve SOBS erişim gecikme süresi açısından NSFNET topolojisinde halka topolojisinden daha iyi sonuçlar vermektedir. Düşük trafik yoğunluğunda SOPS her iki topoloji için de SOBS'den daha düşük erişim gecikme sürelerine sahiptir. Trafik yoğunluğu arttıkça SOPS'nin halka topolojisi üzerindeki erişim gecikme süresi SOBS'nin her iki topolojisi için olan erişim gecikme süresinden fazla olmaktadır. Ayrıca SOPS'nin NSFNET topolojisi üzerindeki erişim gecikme süresi tüm trafik yoğunluklarında en düşüktür. SOBS'de bir optik paketin optik hatta girmesi yani hizmet almaya başlaması için bazı aşamalardan geçmesi gerekmektedir. İlk olarak, paketler çoğuşma oluşturma adımında önceliğe ve hedefe göre gruplanırlar. İkinci olarak, oluşturulması gerçekleştirildikten sonra çoğuşma gidebileceği bir kanal bulmak için kuyrukta beklemektedir. Daha sonra ise senkronizasyon sağlanmaktadır. SOPS'de ise paketler gidebilecekleri bir kanal bulmak için kuyrukta beklerler. Ardından senkronizasyon işlemi gerçekleştirilir. Buradaki bekleme gecikmesi SOBS ile kıyaslandığında daha azdır. SOBS'de trafik yoğunluğu arttıkça çoğuşma oluşturma aşamasındaki çoğuşma yaratılması daha hızlı gerçekleşmektedir. Çünkü yüksek trafik yükünde çoğuşmalar çoğuşma uzunluğuna göre yaratılırlar. Ardından sabit olan çoğuşma uzunluğuna ulaşıldığında yaratılan çoğuşmalar ağa yollanır. Diğer yandan trafik yoğunluğu arttıkça çoğuşmaların tamponda bekleme süreleri artar. Ancak çoğuşma oluşturma aşamasındaki gecikmeyle kıyaslandığında çoğuşmaların tamponda bekleme süresi oldukça azdır. Bu nedenle simülasyon sonuçlarında görüldüğü üzere trafik yoğunluğunun artışı SOBS'de erişim gecikme sürelerinin azalmasına neden olmaktadır. SOPS'nin doğası gereği trafik yoğunluğunun artışı hizmet erişim gecikme sürelerinin artmasına neden olmaktadır. SOPS halka topolojisinde, çakışma durumlarının paketleri doğrudan optik alana göndermeden optik tamponlar üzerinde üstesinden gelebilmektedir. Bu sayede çakışma sebebiyle ortaya çıkan düşmeler azaltılabilmektedir. Fakat bu durum yerel tamponlardaki bekleme süresini arttırmaktadır ve tampon taşmaları sebebiyle paket düşmelerine neden olmaktadır. Bu nedenle simülasyon sonuçlarında da görüldüğü üzere SOPS'nin erişim gecikme süreleri halka topolojisinde daha fazladır.

Uçtan uca gecikme süresi; hizmet erişim gecikmesi ve yayılım gecikmesi sürelerinin toplamıdır. Tez kapsamında yapılan simülasyon çalışmasında aynı kaynaktan aynı hedefe giden paketlerin yayılım gecikme süreleri sabittir. Burada görüldüğü üzere uçtan uca gecikme süresi doğrudan erişim gecikme süresine bağlıdır. Simülasyon sonuçlarında SOBS ve SOPS'nin uçtan uca gecikme sürelerinin halka topolojisinde daha az olduğu görülmektedir. SOBS'de çoğuşma oluşturma zamanındaki düşüş nedeniyle trafik yoğunluğu arttıkça erişim gecikme süresi azalmaktadır. Bu durum topolojide bulunan düğümlerin yerinden bağımsız olarak erişim gecikme süresini ve uçtan uca gecikme süresini etkilemektedir. Fakat SOPS'de erişim gecikme süresi paketlerin tamponlarda bekleme sürelerinden etkilenmektedir. Bu nedenle SOPS'de erişim gecikme süresi ve uçtan uca gecikme süresi topolojideki düğümlerin yerlerine bağlıdır. Bu açıklamalara bağlı olarak NSFNET topolojisinde SOPS'nin uçtan uca gecikme süresi daha azdır. Halka topolojisinde ise düşük trafik yoğunluğunda SOPS'nin uçtan uca gecikme süresi daha az iken yüksek yoğunluklarda SOBS'ninki daha azdır. Simülasyon sonuçlarına göre çoğuşma ve paket kayıp olasılıkları arttıkça SOBS ve SOPS'nin ağ verimliliği düşmektedir. SOBS ve SOPS'nin NSFNET topolojisindeki ağ verimliliği halka topolojisindekinden daha iyidir. Ayrıca SOBS'nin NSFNET topolojisindeki ağ verimliliği oranı en yüksektir. Tablo 5.1'de SOPS ve SOBS tekniklerinin NSFNET topolojisi üzerinde karşılaştırılması gösterilmektedir. Tablo 5.2 ise halka topolojisi üzerindeki kıyaslamayı göstermektedir.

Tablo 5.1: SOPS ve SOBS anahtarlama yaklaşımlarının NSFNET topolojisi üzerinde karşılaştırılması.

Anahtarlama Yaklaşımı	*Kayıp Olasılığı*		*Erişim Gecikme Süresi*		*Uçtan Uca Gecikme Süresi*	
	Trafik Yoğunluğu		*Trafik Yoğunluğu*		*Trafik Yoğunluğu*	
	Düşük	*Yüksek*	*Düşük*	*Yüksek*	*Düşük*	*Yüksek*
SOPS	Yüksek	Yüksek	Az	Az	Az	Az
SOBS	Düşük	Düşük	Fazla	Fazla	Fazla	Fazla

Tablo 5.2: SOPS ve SOBS anahtarlama yaklaşımlarının halka topolojisi üzerinde karşılaştırılması.

Anahtarlama Yaklaşımı	*Kayıp Olasılığı*		*Erişim Gecikme Süresi*		*Uçtan Uca Gecikme Süresi*	
	Trafik Yoğunluğu		*Trafik Yoğunluğu*		*Trafik Yoğunluğu*	
	Düşük	***Yüksek***	***Düşük***	***Yüksek***	***Düşük***	***Yüksek***
SOPS	Yüksek	Yüksek	Az	Fazla	Az	Fazla
SOBS	Düşük	Düşük	Fazla	Az	Fazla	Az

Bu çalışmanın ileriki aşamalarında literatürde var olan SOBS ve SOPS yöntemleri geliştirilebilir ve geliştirilen bu yöntemlerin karşılaştırılması yapılabilir. Ayrıca SOBS ve SOPS'nin OBS ve OPS yöntemleriyle beraber kıyaslandığı bir simülasyon çalışması üzerinde durulabilir. Buna ek olarak gelecek çalışmalarda SOBS ve SOPS yöntemlerinin karşılaştırılması servis kalitesi göz önünde bulundurularak yapılabilir.

KAYNAKLAR

[1]. Sivaraman, V. and Vishwanath, A., 2009, Hierarchical time-sliced optical burst switching, *Optical Switching and Networking*, 6 (1), 37-43.

[2]. Aydın, M.A., Turna, Ö.C. ve Zaim, A.H., 2009, Optik Çoğuşma ve Paket Anahtarlama Tekniklerinin Karşılaştırılması, *Akademik Bilişim 2009*, 11-13 Şubat, Şanlıurfa, Türkiye.

[3]. Eyüpoğlu, C., Aydın, M.A. ve Zaim, A.H., 2014, Slotlanmış Optik Çoğuşma ve Paket Anahtarlama Teknikleri, *Akademik Bilişim 2014*, 5-7 Şubat, Mersin, Türkiye.

[4]. Zhang, Z., Liu, L. and Yang, Y., 2006, Slotted Optical Burst Switching (SOBS) Networks, *Network Computing and Applications*, 24-26 July, Cambridge, MA, IEEE, ISBN: 0-7695-2640-3, 111-117.

[5]. Mukherjee, B., 2006, *Optical WDM Networks*, Springer, United States of America, ISBN: 0-387-29055-9.

[6]. Brackett, C., 1990, Dense wavelength division multiplexing networks: Principles and applications, *Journal on Selected Areas in Communications*, 8 (6), 948-964.

[7]. Aydın, M.A., 2009, *Optik Çoğuşma Anahtarlamalı Sistemlerin Analizi*, Doktora, İstanbul Üniversitesi Fen Bilimleri Enstitüsü.

[8]. Ramasvami, R., and Sivanrajan, K.N., 2002, *Optical Networks*, Morgan Kaufman, United States of America, ISBN: 1-55860-655-6.

[9]. Chua, K.C., Gurusamy, M., Liu, Y., and Phung, M.H., 2007, *Quality of Service in Optical Burst Switched Networks*, Springer, United States of America, ISBN: 0-387-34160-9.

[10]. Mukherjee, B., 1997, *Optical Communication Networks*, Mc-Graw-Hill Inc., New York, ISBN: 0-07-044435-8.

[11]. Jue, J.P., and Vokkarane, V.M., 2005, *Optical Burst Switched Networks*, Springer, United States of America, ISBN: 0-387-23756-9.

[12]. Mukherjee, B., 2000, WDM Optical Communication Networks: Progress and Challenges, *IEEE Journal on Selected Areas in Communication*, 18 (10), 1810-1824.

[13]. Chlamtac, I., Ganz, A., and Karmi, G., 1992, Lightpath communications: a novel approach to high bandwidth optical WANs, *IEEE Transactions on Communications*, 40 (7), 1171-1182.

[14]. Qiao, C., and Yoo, M., 1999, Optical Burst Switching (OBS) – A New Paradigm for an Optical Internet, *Journal of High Speed Networks*, 8 (1), 69-84.

[15]. Acampora, A.S., and Shah, I.A., 1992, Multihop lightwave networks: A comparison of store-and-forward and hot-potato routing, *IEEE Transactions on Communications*, 40 (6), 1082-1090.

[16]. Forghieri, F., Bononi, A., and Prucnal, P.R., 1995, Analysis and comparison of hotpotato and single-buffer deflection routing in very high bit rate optical mesh networks, *IEEE Transactions on Communications*, 43 (1), 88-98.

[17]. Widjaja, I., 1995, Performance analysis of burst admission control protocols, *IEEE Proceedings Communications*, 142 (1), 7-14.

[18]. Ramamirtham, J. and Turner J., 2003, Time Sliced Optical Burst Switching, *Twenty-Second Annual Joint Conference of the IEEE Computer and Communications*, 30 March-3 April, IEEE, ISBN: 0-7803-7752-4, 2030-2038.

[19]. Liu, Y., Mohan, G. and Chua., K.C., 2005, A Dynamic Bandwidth Reservation Scheme for a Collision-Free Time-Slotted OBS Network, *2nd International Conference on Broadband Networks*, 7-7 October 2005, Boston, MA, IEEE, ISBN: 0-7695-2640-3, 111-117.

[20]. Ujager, F.S., Younis U. and Zaidi, S.M.H., 2011, Improved Time Slotted OBS network architecture and a novel delay aware burst transmission algorithm to reduce the network data loss, *High Capacity Optical Networks and Enabling Technologies (HONET)*, 19-21 Dec., Riyadh, IEEE, ISBN: 978-1-4577-1170-1, 280-283.

[21]. Liang, O., Xiansi, T., Yajie, M. and Zongkai, Y., 2005, A Framework to Evaluate Blocking Performance of Time-slotted Optical Burst Switched Networks, *Proceedings of the IEEE Conference on Local Computer Networks 30th Anniversary*, 17-17 Nov., Sydney, NSW, IEEE, ISBN: 0-7695-2421-4, 258-267.

[22]. Sivaraman, V. and Vishwanath A., 2007, Architecture of a Hierarchical Time-Sliced Optical Burst Switching System, *First International Symposium on Advanced Networks and Telecommunication Systems*, 17-18 Dec., Mumbai, IEEE, ISBN: 978-1-4244-1860-2, 1-2.

[23]. Um, T.W., Choi, J.K., Choi S.G. and Ryu W., 2006, Centralized Resource Allocation for Time-Slotted OBS Networks, *International conference on Networking and Services (ICNS)*, 16-18 July, Slicon Valley, CA, IEEE, ISBN: 0-7695-2622-5, 40.

[24]. Abe, T., Pan, H., Choi, Y.B. and Okada, H., 2005, A Feedback-Based Contention Resolution Mechanism for Slotted Optical Burst Switching, *2nd International Conference on Broadband Networks*, 3-7 Oct., IEEE, ISBN: 0-7803-9276-0, 306-309.

[25]. Ozturk, O., Karasan, E., and Akar, N., 2009, Performance Evaluation of Slotted Optical Burst Switching Systems With Quality of Service Differentiation, *Journal of Lightwave Technology*, 27 (14), 2621-2633.

[26]. Angelopoulos, J.D., Leligou, H.C., Kanonakis, K., Linardakis, H., Pountourakis, I. and Stavdas A., 2005, Slot reservations for lossless Optical Burst Switching, *47th International Symposium ELMAR*, 8-10 June, Zadar, IEEE, ISBN: 953-7044-01-4, 311-314.

[27]. Coulibaly, Y., Latiff, M.S.A., Mohammad A.B. and Garcia, N.M., 2011, The Effect of Time Slot Parameters on Slotted Optical Burst Switched Networks, *17th Asia-Pacific Conference on Communications (APCC)*, 2-5 Oct., Sabah, IEEE, ISBN: 978-1-4577-0389-8, 625-630.

[28]. Leligou, H.C., Kanonakis, K., Orphanoudakis, T. and Angelopoulos J.D., 2005, Traffic aggregation for slotted OBS systems, *47th International Symposium ELMAR*, 8-10 June, Zadar, IEEE, ISBN: 953-7044-01-4, 319-322.

[29]. Rugsachart A. and Thompson R.A., 2006, An Analysis of Time-Synchronized Optical Burst Switching, *Workshop on High Performance Switching and Routing*, Poznan, IEEE, ISBN: 0-7803-9569-7.

[30]. Reza M.D. and Majumder S.P., 2008, Performance Analysis of an Optical Burst Switching (OBS) Network, *International Conference on Electrical and Computer Engineering*, 20-22 Dec, Dhaka, IEEE, ISBN: 978-1-4244-2014-8, 497-500.

[31]. Yang, J., Buyin, G.,Huang, Y. and Ye H., 2010, An Accurate Blocking Model Based on Timeslot Analysis for Optical Burst Switching Networks without Buffers, *9th International Conference on Optical Communications and Networks (ICOCN)*, 24-27 Oct., Nanjing, IET, 159-162.

[32]. Shan, G., Dai, J., Sun, S., Zhu, G. and Liu D., 2010, Study on the Problem of Routing, Wavelength and Time-slot Assignment toward Optical Time-slot Switching Technology, *International Conference On Electronics and Information Engineering (ICEIE)*, 1-3 Aug., Kyoto, IEEE, ISBN: 978-1-4244-7679-4, 335-339.

[33]. Kawanami, H., Masuyama, H., Kasahara S. and Takahashi Y., 2007, Performance Analysis of Optical Switched Networks with Two-Way Reservation, *Second International Conference on Informatics Research for Development of Knowledge Society Infrastructure (ICKS)*, 29-29 Jan., Kyoto, IEEE, ISBN: 0-7695-2811-2, 111-118.

[34]. Overby H., 2005, Packet Loss Rate Differentiation in Slotted Optical Packet Switched Networks, *Photonics Technology Letters*, 17 (11), 2469-2471.

[35]. Veiga-Gontan, J., Pavon-Marino, P., Izal, M., Morato, D. and Garcia-Haro, J., 2008, Performance evaluation of slotted OPS switching fabrics under self-similar traffic, *International Conference on Optical Network Design and Modeling*, 12-14 March, Vilanova i la Geltru, IEEE, ISBN: 978-3-901882-27-2, 1-6.

[36]. Al-Zahrani, F.A., 2008, Hierarchical Survivability Model for Slotted All-Optical Packet Switching Networks, 5th IFIP International Conference on Wireless and Optical Communications Networks (WOCN), 5-7 May, Surabaya, IEEE, ISBN: 978-1-4244-1979-1, 1-6.

[37]. Jhou G.H. and Lin, W., 2009, A Frame-based Architecture with Shared Buffers for Slotted Optical Packet Switching, *11th IEEE International Conference on High Performance Computing and Communications (HPCC)*, 25-27 June, Seoul, IEEE, ISBN: 978-1-4244-4600-1, 322-328.

[38]. Rahbar, A.G.P. and Yang O.W.W., 2008, Even Slot-Transmission in Slotted OPS Networks, *IEEE International Conference on Communications (ICC)*, 19-23 May, Beijing, IEEE, ISBN: 978-1-4244-2075-9, 391-395.

[39]. Rahbar, A.G.P. and Yang O.W.W., 2009, Distribution-based bandwidth access scheme in slotted all-optical packet-switched Networks, *Computer Networks*, 53 (5), 744-758.

[40]. Small, B.A. and Bergman, K., 2005, Slot Timing Considerations in Optical Packet Switching Networks, *Photonics Technology Letters*, 17 (11), 2478-2480.

[41]. Eido, T., Nguyen, D.T. and Atmaca, T., 2008, Packet Filling Optimization in Multiservice Slotted Optical Packet Switching MAN Networks, *Fourth Advanced International Conference on Telecommunications (AICT)*, 8-13 June, Athens, IEEE, ISBN: 978-0-7695-3162-5, 221-226.

[42]. Liangsheng, W., Peng, Z., Yumei, Y., Anbin, W., Xianli, C., Guoming, L., Jian, W. and Jintong, L., 2003, A New Packet Switch for Optical Time Slotted Packet Switching Networks Based on OTDM, *International Conference on Communication Technology Proceedings (ICCT)*, 9-11 April, IEEE, ISBN: 7-5635-0686-1, 678-680.

[43]. Rahbar, A.G.P. and Yang, O., 2010, Agile bandwidth management techniques in slotted all-optical packet switched Networks, *Computer Networks*, 54 (3), 387-403.

[44]. Yao S., Ben Yoo, S.J. and Mukherjee, B., 2001, A comparison study between slotted and unslotted all-optical packet-switched network with priority-based routing, *Optical Fiber Communication Conference and Exhibit*, 17-22 March, Anaheim, CA, USA, IEEE, ISBN: 1-55752-655-9.

[45]. Xue, D., Qin, Y. and Siew, C.K., 2007, Performance analysis of a novel traffic scheduling algorithm in slotted optical networks, *Computer Communications*, 30 (18), 3559-3571.

[46]. Gadkar, A. and Subramaniam, S., 2010, Wavelength-reuse in optical time-slotted Networks, *Optical Switching and Networking*, 7 (4), 153-164.

[47]. Chaitou, M., Hebuterne, G. and Castel, H., 2007, Two efficient packet aggregation mechanisms and QoS support in a slotted dual bus optical ring network, *Performance Evaluation*, 64 (1), 20-54.

[48]. Kleinrock, L., 1975, *Queueing Systems Volume I: Theory*, Wiley-Interscience, New York, ISBN: 0-471-49110-1.

[49]. Kang, C.S., Park, B.S., Shin, J.D., Jeon, M.Y. and Lee, E.H., 1997, A quantitative performance comparison study of all-optical slotted rings with different packet header speeds, *Computer Communications*, 20 (8), 662-670.

Printed by Books on Demand GmbH, Norderstedt / Germany